시편 설교 시리즈(2)

여호와는 나의 목자

시편 23편 강해설교

Sermons on the Psalms(2)

Jehovah is my shepherd

by

Nam Sik Kim

Haneul Christian Book House
Seoul, Korea
2025

惠江文集·86

시편설교 시리즈 (2)

여호와는 나의 목자

Jehovah is my shepherd

시편 23편 강해설교

목자되신 하나님
인도하시는 하나님
복 주시는 하나님
함께 하시는 하나님

김남식 지음

하늘기획

책 머리에

어릴 때부터 시를 좋아하여 시를 읽고 시를 쓰면서 한 평생을 보냈습니다. '시인'이란 남들이 알아주지 않는 명찰을 단 지도 반세기가 지났습니다.

이런 삶의 바탕에는 어릴 때부터 읽어 온 성경의 '시편'이 있습니다. 처음에는 '짧아서' 읽었는데 그것이 삶이 되어 수백 번을 읽었습니다.

어느 때부터인가 '시편'에 대한 나름대로의 계획을 세웠습니다. 첫째는 '시편강해'입니다. 극동방송의 요청으로 《김남식의 시편 묵상》이란 제목으로 매주 토요일과 주일 새벽에 4년간 방송하였습니다. 시편을 1년간 묵상할 수 있도록 366회로 나누어 강해했습니다. 이것들을 일일이 원고지에 썼습니다. 1회 방송 분량이 200자 원고지 16장씩 되게 정확하게 썼습니다. 방송이

끝나고 보니 방대한 양의 원고가 되었고 오랜 세월 후에 책으로 엮으니 각각 750면 분량의《김남식의 시편 묵상》2권이 책으로 빛을 보았습니다. 이 작업을 위해 국내외의 시편강해서들을 모으기 시작하였고, 이것들이 연구실의 서가 하나를 채우고 있습니다.

둘째는 '시편 찬송가'를 만드는 작업입니다. 전통적인 개혁교회들은 예배 때에 시편을 찬송합니다. 이것을 한국교회에 정착시키기 위해 뜻을 같이하는 사람들과 힘을 모아 이루어내었습니다.

셋째는 시편을 시(詩)로 쓰는 일입니다. 이것은 성경의 사역(私譯)이 아닙니다. 저자가 구약신학자가 아니기에 시편의 오묘한 신학적 의미보다 시편의 음률을 보다 쉽게 접할 수 있게 시화(詩化) 작업을 하였습니다.

넷째는 저자가 작사한 찬송시로 한 권의 〈찬송가〉를 발간하는 일입니다. 그동안 100편의 찬송시를 작사하여《혜강 김남식 찬송가집, 내 영혼아 찬양하라》를 엮어 작곡가들에게 작곡을 의뢰하였습니다.

다섯째는 시편 설교집의 간행입니다. 저자가 교회 사경회에서 강론한 것을 그대로 녹취하여 〈시편설교 시리즈〉를 간행합니다.

시편에 대한 나의 사랑이 이렇게 나타났습니다. '시로 쓴 시편'은 성경을 변개하려는 것이 아니라 생활화하려는 열망의 산물입니다.

이 설교집은 2025년 2월 20, 21일에 경남 양산시 물금읍에 있는 '사랑이 흐르는 교회' 설립 기념특별사경회에서 강론한 것을 그대로 녹취한 것입니다. 녹취한 것이기에 구어체가 되어 어색한 부분도 있음을 양해하시기 바랍니다.

옛 시인들이 노래했듯이 시편을 통해 온 정성드려 주님을 찬양하려합니다. 시편의 주인이신 하나님 홀로 영광받으소서.

시편의 놀라운 향기 속에서
혜강 **김남식**

Contents

책머리에 5

제1강 ● 목자되신 하나님   17

Ⅰ. 스스로 계시는 하나님   18
   1. 스스로 존재하시는 영원한 하나님   23
   2. 변함이 없으신 불변하신 하나님   25
   3. 어떠한 제한도 받지 않으시는 무한한 하나님   27

Ⅱ. 목자되신 하나님   30
   1. 나약한 인간   31
   2. 스스로를 해결할 수 없는 인간   33
   3. 오염된 인간   34

Ⅲ. 부족함이 없게 하시는 하나님   36
   1. 선한 목자 하나님   40
   2. 영혼이 참된 만족이신 하나님   44
   3. 부족함이 없게 하시는 하나님   47

제2강 ● 인도하시는 하나님   53

Ⅰ. 풀밭과 물가로 인도하시는 하나님   53
   1. 두려움에서의 해방   54

    2. 고통 속에서의 해방   59
 Ⅱ. 내 영혼을 소생케 하시는 하나님   67
    1. 내 영혼을 소생(蘇生)시키시고   70
    2. 은혜의 역사로 소생시키심   79
 Ⅲ. 의의 길로 인도하시는 하나님   82
    1. 자기 이름을 위하여   83
    2. 의의 길로 인도하심   85

제3강 ● 보호하시는 하나님   93

 Ⅰ. 고난당하는 인생   94
    1. 음침한 골짜기에서   95
    2. 목자의 이끌림을 받아   97
 Ⅱ. 함께하시는 하나님   99
    1. 임마누엘 하나님   99
    2. 목자이신 하나님   101
 Ⅲ. 안위(安慰)케 하시는 하나님   104
    1. 주의 지팡이로   104
    2. 막대기로   111

제4강 ● 복 주시는 하나님   119

 Ⅰ. 원수 앞에서   121
    1. 베드로의 경우   122
    2. 양심의 소리   125
 Ⅱ. 상(床)을 차려주심   125

    1. 상이 주는 의   126
    2. 예수님의 사례   128
 Ⅲ. 내 잔이 넘치게 하시는 하나님   131
    1. 기름을 부어주심   132
    2. 넘치는 은혜   136

제5강 ● 함께 하시는 하나님   143

Ⅰ. 평생 동행   146
    1. 한순간도 멈춤없이   146
    2. 일평생 동안에   148
Ⅱ. 선하심과 인자하심   149
    1. 고난도 유익이라   151
    2. 선하심과 인자하심으로   154
Ⅲ. 여호와의 집에 영원히 살게 하시는 하나님   156
    1. 내가 살리로다   156
    2. 영원히 사는 길   159

시편 23편(개역개정)

여호와는 나의 목자시니 내게 부족함이 없으리로다
그가 나를 푸른 풀밭에 누이시며 쉴 만한 물 가로 인도하시는도다
내 영혼을 소생시키시고 자기 이름을 위하여 의의 길로 인도하시는도다
내가 사망의 음침한 골짜기로 다닐지라도 해를 두려워하지 않을 것은 주께서 나와 함께 하심이라 주의 지팡이와 막대기가 나를 안위하시나이다
주께서 내 원수의 목전에서 내게 상을 차려 주시고 기름을 내 머리에 부으셨으니 내 잔이 넘치나이다
내 평생에 선하심과 인자하심이 반드시 나를 따르리니 내가 여호와의 집에 영원히 살리로다

시편 23편(새한글성경)

여호와가 나의 목자, 내게 모자람 없네.
푸른 풀밭에 나를 눕히시네. 물가 푹 쉴 곳으로 나를 데려가시네.
내 영혼을 회복시켜 주시네. 나를 이끄시네, 의로운 길로, 여호와의 이름 위해서라네.

참참한 골짜기를 가야 해도 나 잘못될까 두려워하지 않습니다. 주님이 나와 함께 하시니까요. 주님의 막대기와 지팡이가 내게 힘 됩니다.

주님이 내 앞에 밥상을 차려 주십니다, 내 적들 맞은 편에. 주님이 기름을 내 머리에 부어 주십니다. 내 잔이 넘쳐 납니다.

정말이야, 좋은 것과 한결같은 사랑이 나를 따라다닐 거야, 나 사는 모든 날에! 나 여호와의 집에 머물고 싶어, 언제까지나!

시편 23편(공동번역)

야훼는 나의 목자, 아쉬울 것 없어라. 푸른 풀밭에 누워 놀게 하시고 물가로 이끌어 쉬게 하시니

지쳤던 이 몸에 생기가 넘친다. 그 이름 목자이시니 인도하시는 길, 언제나 곧은 길이요,

나 비록 음산한 죽음의 골짜기를 지날지라도 내 곁에 주님 계시오니 무서울 것 없어라. 막대기와 지팡이로 인도하시니 걱정할 것 없어라.

원수들 보라는 듯 상을 차려주시고, 기름 부어 내 머리에 발라주시니, 내 잔이 넘치옵니다.

한평생 은총과 복에 겨워 사는 이 몸, 영원히 주님 집에 거하리이다.

23편(다윗의 노래) - 김남식, 시로 쓴 시편

1. 여호와는 나의 목자
   아쉬울 것 없어라.
   푸른 풀밭에 누워 놀게 하시고
2. 물가로 이끌어 쉬게 하시니
3. 지쳤던 이 몸에 생기가 넘친다.
   그 이름 목자이시니
   인도하시는 길 언제나 곧은 길이요,
4. 내 비록 음산한 죽음의 골짜기를 지날지라도
   내 곁에 주님 계시오니 무서울 것 없어라.
   막대기와 지팡이로 인도하시니
   걱정할 것 없어라.
5. 원수를 보려는 듯
   상을 차려주시고
   기름 부어 내 머리에 발라주시니
   내 잔이 넘치옵니다.
6. 한평생 은총과 복에 겨워 사는 이 몸
   영원히 주님 집에 거하리이다.

제1강

목자되신 하나님

제1강
목자되신 하나님

여호와는 나의 목자시니 내게 부족함이 없으리로다 [시 23:1]

　시편 23편은 "시편의 진주", "시편의 백미(白眉)"로 불리는 유명한 시입니다. "설교의 황태자"(Prince of Preachers)라고 불렸던 찰스 스펄전(Charlse H. Spurgeon, 1834-1892) 목사님은 시편 23편을 가리켜서 "시편의 진주"라고 말했습니다. 이 시는 시대를 초월하여 헤아릴 수 없이 수많은 사람에게 감동을 주며 애송되고 있습니다.

　시편 23편은 험난한 세상을 살면서 수많은 어려움과 위기와 문제에 봉착하여 두려워하고 슬퍼하며 낙망하는 하나님의 백성들에게 그것을 이길 수 있는 새 힘을 공급해 주는 능력의 말씀입니다. 그러기에 시편 23편만큼 성도들로부터 깊은 사랑을 받는 말씀도 없을 것입니다.

I. 스스로 계시는 하나님

다윗은 시편 23편을 시작하면서 "여호와는 나의 목자"라고 고백합니다. 다윗은 시편 23편을 "여호와"로 시작하고 있습니다. 그리고 "여호와"로 마칩니다.

> 여호와는 나의 목자시니 내게 부족함이 없으리로다… 내가 여호와의 집에 영원히 살리로다 [시편 23:1,6]

다윗은 시편 23편에서 푸른 풀밭과 쉴만한 물가를 노래하고 있지만, 그가 말하려고 하는 핵심은 평안과 안식이 아닙니다. 사망의 음침한 골짜기를 이야기하고 있지만, 그가 말하려고 하는 중심은 보호가 아닙니다. 다윗이 시편 23편을 쓴 가장 중요한 이유는 자신이 하나님을 더 깊이 신뢰하며 온전히 의탁하기 위해 하나님이 어떤 분인지를 보여 주기 위해서였습니다. 하나님이 어떤 분이시고, 자신이 어떤 존재인지를 보여 주면서 하나님께 대한 신뢰를 더욱 공고히 하고 그분을 온전히 의탁하기 위해 시편 23편을 작시(作詩)했습니다. 그래서 그는 시편 23편의 첫 단어인 "여호와"를 설명하기 위해 15개의 어휘를 동원하고 있습니다.

다윗은 일생의 체험을 통해 하나님과 인간과의 관계를 가장 잘 보여 주기 위하여 하나님을 목자로, 인간을 양으로 묘사하고 있습니다. 우리가 '목자'이신 하나님을 잘 알고 그분을 온전히 신뢰하며 의탁하기 위해서는 먼저 '양'인 우리 인간의 모습을 잘 알아야 합니다. 성경은 우리 인간을 "길을 잃고 헤매는 양"으로 묘사하고 있습니다.

> 우리는 다 양 같아서 그릇 행하여 각기 제 길로 갔거늘…
> [사53:6]

그렇다면 성경이 우리 인간을 양으로 묘사하는 이유가 무엇입니까?

양들과 인간 사이에 유사한 점이 참 많기 때문입니다. 우리는 양의 모습을 통해 타락한 우리 인간의 모습이 어떠한지를 잘 알 수 있습니다.

'여호와, 야훼'라는 단어는 구약에 무려 6,823번 나옵니다. 가장 보편적인 하나님의 이름으로 성경에 나오는 이름이 바로 '여호와, 야훼'입니다.

'여호와'는 무엇이고, '야훼'는 무엇입니까?

이스라엘 백성들은 하나님의 이름이 너무나 거룩해서 차

마 인간의 입에 올릴 수조차도 없다고 했습니다. 그래서 '야훼'라는 이름을 부를 일이 있을 때마다 '주님'을 뜻하는 '아도나이'(Adonai, Lord)라는 말을 대신 사용했습니다. 그래서 '야훼'라는 히브리어 자음(YHWH)에, '아도나이'라는 모음(a,o,a)이 합쳐져서 만들어진 단어가 바로 '야호와'(YaHoWaH), 현재의 '여호와'(Jehovah)라는 단어입니다.

이렇게 '여호와'라는 하나님의 호칭은 '야훼'라는 하나님의 이름이 너무나 거룩한 이름이어서 감히 입술로 소리 내지 못하고 부른 대용어(代用語)였습니다. 구약성경을 필사(筆寫)했던 서기관들은 하나님의 이름을 기록해야 할 일이 생기면 먼저 목욕부터 했고, 하나님의 이름을 필사하고 난 후에는 반드시 곧바로 펜을 부러뜨려 버렸습니다.

'야훼'라는 하나님의 이름은 다윗에게 너무나 선명하고 생생하게 다가오는 이름이었습니다. 그 당시 하나님을 일반적으로 가리키던 명칭은 '엘 샤다이'(El Shaddai, 전능하신 하나님)라든지, '엘 엘리욘'(El Elyon, 지극히 높으신 하나님), '엘 올람'(El Olam, 영원하신 하나님) 등이 있었습니다.

그런데 다윗은 이런 호칭을 다 제쳐 두고 '야훼'라는 이름을 선택했습니다. 왜냐하면 '야훼'는 하나님의 이름이기 때문입니다. 우리가 다른 사람들을 부를 때 아무개 아빠, 아무개 엄마, 사장님, 의사 선생님, 목사님, 학생 그렇게 부를 수 있습니다. 이런 칭호들은 모두가 상대방을 묘사하는 용어들이지만 상대방 자체의 이름은 아닙니다.

우리가 하나님을 이름으로 호칭하고 싶으면 '야훼'라고 해야 합니다. 하나님께서는 친히 그분의 이름, 즉 '야훼'를 우리에게 알려 주셨습니다. 그것은 하나님께서 우리와 개인적이고 인격적인 친밀한 관계를 갖고 싶으셨기 때문입니다.

'야훼'라는 하나님의 이름을 처음으로 배워서 알았던 사람은 모세였습니다. 모세는 여든 살의 늙은 목자로 미디안 광야에서 양 떼를 돌보다가 호렙산 가시덤불에서 불이 타는 모습을 보고 하나님을 만나게 되었습니다. 하나님께서는 모세에게 이집트로 내려가 노예 생활을 하고 있는 이스라엘 백성을 구원해 내라고 말씀하셨습니다. 모세는 핑계를 대면서 사양에 사양을 거듭하다가 더 이상 할 말이 없게 되자 이렇게 하나님께 물었습니다.

> … 내가 이스라엘 자손에게 가서 이르기를 너희의 조상의 하나님이 나를 너희에게 보내셨다 하면 그들이 내게 묻기를 그의 이름이 무엇이냐 하리니 내가 무엇이라고 그들에게 말하리이까 [출 3:13]

그때 하나님께서는 자신의 이름을 이렇게 계시해 주셨습니다.

> …나는 스스로 있는 자니라 또 이르시되 너는 이스라엘 자손에게 이같이 이르기를 스스로 있는 자가 나를 너희에게 보내셨다 하라 … 너는 이스라엘 자손에게 이같이 이르기를 너희 조상의 하나님 여호와 곧 아브라함의 하나님, 이삭의 하나님, 야곱의 하나님께서 나를 너희에게 보내셨다 하라 이는(여호와는) 나의 영원한 이름이요 대대로 기억할 나의 칭호니라 [출 3:14-15]

이처럼 하나님께서는 모세에게 처음으로 자신의 이름을 '스스로 있는 자'(I am that[Who] I am), 즉 '야훼'로 계시하셨습니다.

> 하나님이 모세에게 말씀하여 이르시되 나는 여호와이니라 내가 아브라함과 이삭과 야곱에게 전능의 하나님으로 나타났으나 나의 이름을 여호와로는 그들에게 알리지 아니하였고 [출 6:2-3]

'야훼'는 '스스로 있는 자'라는 뜻으로 하나님은 항상 존재하시는 분이시며, 동시에 모든 만물을 존재하게 하시는 분이라는 의미입니다. '야훼'라는 이름에서 우리는 하나님의 주요한 성품을 볼 수 있습니다.

1. 스스로 존재(自存)하시는 영원한 하나님

하나님께서는 자신의 이름을 '야훼'로 계시하시면서 '나는 스스로 있는 자'라고 하셨습니다. '스스로 있는 자'라는 히브리어 단어는 '에흐예 아쉐르 에흐예'입니다. 여기 '에흐예'에서 '야훼'라는 단어가 나왔습니다. '에흐예'는 '존재하다'는 뜻으로, 영어로 'be'동사에 해당됩니다. '나는 존재한다, 나는…이다(I am…)'라는 뜻입니다. '아쉐르'는 관계 대명사(that, which, what, who)로 뒤에 나오는 문장을 묶어서 앞뒤로 이어 주는 역할을 합니다.

따라서, '에흐예 아쉐르 에흐예'를 직역하면 '나는 영원히 존재하는 자로 존재한다'. 또는 '나는 영원히 존재하는 자이다'입니다. 결국, '나는 누구의 도움도 없이 나 스스로 존재하는 자'라는 뜻입니다. 그리고 '에흐예'는 미완료 시제로 완료되지 않은 동작이나 계속되는 상태를 나타냅니다. 따라서, '에흐예', '야훼'라는 이름은 하나님께서는 시작과 끝이 없으신 영원부터 영원까지 언제나 스스로 존재하시는 분이심을 강조하는 칭호입니다.

'야훼' 하나님은 스스로 존재하실 뿐만 아니라 모든 만물을 존재하도록 하시는 분이십니다. '야훼' 하나님은 창조하시는 하나님이시고, 만물을 만드시는 하나님이시며, 모든 것의 근원이 되시는 하나님이십니다. 모세는 시편 90편 2절에서 이렇게 고백했습니다.

> 산이 생기기 전 땅과 세계도 주께서 조성(造成)하시기 전 곧 영원부터 영원까지 주는 하나님이시니이다 [시 90:2]

우리 모두에게는 스스로 존재하시는 영원한 목자가 필요합니다. 누구도 '야훼' 하나님을 낳지 않았고 만들지 않았습니다. 그 어떠한 행위로도 그분을 만들어 낼 수 없었고 변화시킬 수 없었습니다. 그러기에 어떠한 행위로도 '야훼' 하나님을 이기거나 압도할 수 없습니다.

> 이 하나님은 영원히 우리 하나님이시니 그가 우리를 죽을 때까지 (죽음 이후에도 영원히) 인도하시리로다 [시 48:14]

2. 변함이 없으신 불변(不變)하시고 무한(無限)하신 하나님

하나님이 항상 존재하시는 영원한 분이시기에 그분은 변함이 없으신 분이십니다. 시편 기자는 하나님의 불변하심을 이렇게 고백합니다.

> 주는 한결같으시고 주의 연대는 무궁하리이다 [시 102:27]

하나님께서도 자신이 한결같이 변함이 없으신 '야훼'이신 것을 직접 말씀하십니다.

> 나 여호와는 변하지 아니하나니 그러므로 야곱의 자손들 너희가 소멸되지 아니 하느니라 [말 3:6]

세상도 변하고 인생도 변하지만 하나님은 변하지 않으십니다. 우리에게 이런 분이 필요합니다. 삶이란 얼마나 자주 변합니까? 관계도 변하고 건강도 변하고 상황도 변합니다. 그러나 과거에 온 세상을 다스리셨던 '야훼'는 오늘도 온 세상을 다스리시는 '야훼' 바로 그분이십니다. 하나님은 어제나 오늘이나 영원토록 동일하신 분이십니다.

따라서, 인간은 물론 세상의 그 어떤 것도 하나님을 바꿀 수 없습니다. 하나님은 모든 인생과 만물의 영원한 중심 이십니다. 언제나 변함없이 견고하게 버티고 서 계시는 만세반석(萬歲磐石)이십니다.

그러기에 우리는 하나님과 그분의 약속을 한결같이 신뢰하며 온전히 의뢰할 수 있습니다. '야훼' 하나님은 언약에 있어서 영원히 신실하신 분이시고 약속에 있어서 영원히 성실하신 분이시기 때문입니다. 그래서 하나님께서는 모세에게 나타나셔서 자신의 이름이 '야훼'이심을 계시하실 때 이스라엘의 조상인 아브라함과 이삭과 야곱과 언약하신 '언약의 하나님'이신 것을 강조하셨습니다.

> …나는 스스로 있는 자니라 또 이르시되 너는 이스라엘 자손에게 이같이 이르기를 스스로 있는 자가 나를 너희에게 보내셨다 하라… 너는 이스라엘 자손에게 이같이 이르기를 너희 조상의 하나님 여호와 곧 아브라함의 하나님 이삭의 하나님 야곱의 하나님께서(그들과 언약하신 대로) 나를 너희에게 보내셨다 하라 이는(여호와는) 나의 영원한 이름이

요 대대로 기억할 나의 칭호니라 [출 3:14-15]

이처럼 '야훼'라는 이름은 택하신 하나님의 백성과 언약 관계에 있는 하나님을 가리킬 때 자주 사용되는 호칭입니다. 여기서도 하나님께서는 '야훼'라는 호칭을 사용하시면서 '언약'을 함께 말씀하십니다. 즉, 하나님께서는 자신이 '언약의 하나님'이심을 강조하기 위해서 '야훼'라는 호칭을 사용하시는 것입니다. '야훼'라는 호칭은 한 번 약속하시면 절대 잊지 않으시고 거짓말하지 않으시고 언제나 기억하시면서 약속을 성실하게 지키시는 신실하신 하나님에 대한 호칭입니다.

여호와는 맹세하고 변하지 아니하시리라 [시 110:4]

3. 어떠한 제한도 받지 않으시는 무한한 하나님

인간은 지배를 받고 제한을 받는 존재입니다. 시간과 공간과 환경과 건강과 기분이 우리의 말과 태도와 행동과 모습과 삶을 결정합니다. 그러나 우리의 목자 되신 '야훼' 하나님은 시간과 공간과 환경과 건강과 기분에 좌우되지 않으십니다. 그분은 그것들을 만드셨고, 또 육체가 아니시기 때문입니다. 육체가 아니시기에 육체의 제한을 받으실 일이 없습니다. 한국에 계시면서 동시에 아프리카 오지에도 계십니다. 시편 139편에서 다윗은 이렇게 고백합니다.

> 내가 주의 영(靈)을 떠나 어디로 가며 주의 앞에서 어디로 피하리이까 내가 하늘에 올라갈지라도 거기 계시며 스올(음부)에 내 자리를 펼지라도 거기 계시니이다 내가 새벽 날개를 치며 바다 끝에 가서 거주할지라도 거기서도 주의 손이 나를 인도하시며 주의 오른손이 나를 붙드시리이다 [시 139:7-10]

이처럼 '야훼' 하나님은 어떠한 제한도 받지 않으시는 하나님이십니다. 그러기에 '야훼' 하나님은 우리 인생에 있어서 언제 어디서나 꼭 필요한 분이십니다. 그분은 우리가 인생의 바다를 항해하면서 폭풍을 만나 두려워 떨 때 우리를 찾아오셔서 폭풍을 잔잔하게 하시는 '인생의 선장'이십니다.

그분은 인생을 살아가는 우리에게 삶의 진정한 목적과 의미가 무엇인지를 가르쳐 주시고 또 그렇게 살 수 있도록 도우시는 '인생의 스승'이십니다. 그분은 우리가 이 세상을 떠나갈 때 우리 곁에 다가오셔서 품에 안으시고 죽음의 두려움을 이기게 하시고 천국으로 우리를 인도하시는 '영원한 선한 목자'이십니다.

이렇게 스스로 존재(自存)하시는 영원하신 하나님, 변함이 없으신 불변(不變)하신 하나님, 어떠한 제한도 받지 않으시는 무한(無限)하신 하나님이 나의 선한 목자이십니다. 나의 선한 목자이신 하나님은 측량할 수 없는 광대한 지혜와 범접(犯接)할 수 없는 위엄과 무한한 능력을 갖추신 '야훼'이십니다.

불빛이 하나도 비취지 않는 캄캄한 시골에서 밤하늘의 무수한 별들을 바라보십시오. 우리가 지금 사는 지구가 속한 은하계만 해도 천억 개의 별들이 있습니다. 온 우주에 그런 은하계가 천억 개나 존재합니다.

숫자로도 셀 수 없는 그 무수한 별을 누가 다 만드셨습니까?

오직 말씀 한마디로 하나님이 만드셨습니다. 그런데 그 하나님께서 지극한 온유함과 겸손함으로 우리에게 다가오셔서 무한하신 사랑과 자비와 긍휼의 손으로 우리를 부드럽게 어루만져 주십니다. 그 하나님이 바로 나를 기르시고 돌보시고 인도하시는 나의 선한 목자, '야훼'이십니다. 그래서 다윗은 "야훼는 나의 목자시다"라고 고백합니다. 시편 기자 역시 이렇게 고백합니다.

> 그는 우리의 하나님이시요 우리는 그가 기르시는 백성이며 그의 손이 돌보시는 양이기 때문이라 [시 95:7]

다윗과 시편 기자의 고백이 바로 우리의 가슴 벅찬 고백이 되도록 합시다.

야훼는 나의 선한 목자이십니다. 나는 야훼가 친히 기르시고 돌보시는 그분의 양입니다.

II. 목자되신 하나님

이것이 하나님을 떠나 죄 가운데서 방황하며 사는 인간의 모습입니다. 그 길이 분명히 잘못된 길임에도 불구하고 각자 제 길로 가는 것이 인간입니다.

오늘도 우리 주변에는 엉뚱한 곳으로 가면서도 자기가 어디를 향해 가고 있는지조차도 모른 채 무턱대고 인생길을 걸어가고 있는, 길 잃고 방황하는 사람들이 너무나도 많이 있습니다. 그들은 인생의 가장 중요한 네 가지 질문도 모른 채 인생을 살고 있습니다.

인생의 가장 중요한 네 가지 질문은 다음과 같습니다.

"나는 어디서부터 왔는가?"

"나는 왜 이 땅에서 사는가?"

"나는 지금 어디로 가고 있는가?"

"내가 죽으면 어떻게 되는가?"

그런데 그들은 이 질문들을 알지 못하고 마치 길 잃은 양처럼 방향 감각을 잃고 각기 제 길로 가고 있습니다. 그들이 바로 내 곁에서 지금 나와 함께 사는 사람들입니다. 내 아내, 내 남편, 내 자녀, 내 부모 형제들입니다. 내가 매일 만나는 사람들입니다. 직장과 일터에서 만나는 동료들입니다. 매일 내 곁을 스치고 지나가는 사람들입니다.

1. 나약한 인간

모든 생물은 저마다 자기를 방어하고 보호할 방법과 무기를 가지고 있습니다. 메뚜기나 카멜레온이나 청개구리와 같은 곤충이나 파충류는 자기의 몸 색깔을 주위의 자연 색상과 비슷하게 변신시키는 보호색을 가지고 자기를 지킵니다. 날카로운 발톱이나 부리, 이빨 등으로 자신을 방어하는 동물들도 있습니다. 또한, 원숭이나 타조 같은 동물들은 재빠르게 나무에 올라가거나 빨라 도망쳐서 자신을 지킵니다. 뱀은 독 있는 이빨을 가지고 있고, 스컹크는 고약한 냄새를 풍겨 자신을 보호합니다.

그러나 양은 자기를 스스로 지키고 보호할 수 있는 아무런 방법과 수단을 가지고 있지 않습니다. 적들을 대항해서 공격하거나 방어할 만한 어떠한 무기나 수단도 가지고 있지 않습니다. 송곳니도 없고 날카로운 발톱도 없습니다. 물어뜯을 줄도 모르고 빨리 달리는 재주도 없습니다. 완전히 무방비 상태로 노출된 것이 바로 양입니다. 싸움도 못 하고 방어도 못 하고 제대로 도망도 못 칩니다.

양은 자신을 지키고 보호할 수 없는 아주 무능하고 약한 동물입니다. 그러기에 양들은 몹시 소심하고 두려움이 많습니다. 거대한 양 떼가 모여 풀을 뜯고 있다가도 산토끼 한 마리가 덤불 뒤에서 뛰쳐나오면 깜짝 놀라 전부 우르르 도망치는 것이 양입니다.

우리 인생도 이와 같습니다. 인간을 지배하는 감정 가운데 가장 깊고 근원적인 감정은 두려움입니다. 우리의 마음 깊은 곳에는 두려움이 자리 잡고 있습니다. 건강에 대한 두려움, 사고에 대한 두려움, 다른 사람들에게 거절당할 것에 대한 두려움, 장래에 대한 두려움 등 수많은 두려움 가운데서 살아가는 것이 오늘 우리네 인생입니다.

우리 인간 안에 이런 근원적인 두려움이 자리 잡은 이유는 인간이 죄를 범하고 타락하여 하나님의 품을 떠났기 때문입니다.

인간이 죄를 범하여 하나님의 품을 떠나자마자 제일 먼저 튀어 나온 말이 "내가 두려워하여 숨었나이다"(창 3:10)라는 고백이었습니다.

2. 스스로를 해결할 수 없는 오염된 인간

양은 자신의 가장 절실한 욕구인 먹고 마시는 것을 스스로 마련하지 못합니다. 하나님이 만드신 모든 짐승 가운데 스스로 살아갈 능력이 가장 모자라는 짐승이 바로 양입니다. 낙타를 비롯한 다른 짐승들은 멀리서도 마실 물을 발견합니다. 매와 독수리 같은 동물들은 높은 하늘에서도 땅에 있는 먹이를 재빠르게 찾아냅니다.

그러나 양은 자신의 힘으로 풍성한 곳을 찾지 못합니다. 푸르고 넉넉한 초원이나 맑은 샘물을 두고 엉뚱한 곳으로 갑니다. 이처럼 양은 자신의 가장 절실한 욕구와 중요한 문제를 자기 스스로 해결하지 못합니다.

오늘날 사람들 가운데도 자신의 가장 절실한 욕구와 문제를 해결하지 못하고 깊은 공허감과 허무함과 외로움에 사로잡혀 사는 사람들이 참 많이 있습니다. 외적으로 볼 때는 성공한 사람이고 출세한 사람이며 부유한 사람이고 행복한 사람입니다. 그렇지만 영적으로 궁핍하고 심령이 메마르고 곤고한 상태에서 고통당하는 사람들이 너무나 많이 있습니다.

양은 멀리서 보면 하얀 색깔 때문에 깨끗하게 보입니다. 그렇지만 가까이 가서 보면 지저분하고 냄새나며 주위 환경에 너무 쉽게 오염되는 존재입니다. 그러면서도 스스로 자신을 깨끗하게 하지도 못합니다. 고양이는 자기 몸을 정성스럽게 닦고 개들도 마찬가지입니다. 새들은 물통에 들어가서 퍼드덕거리며 몸을 씻습니다. 코끼리와 곰은 강물에 뛰어들어 몸을 닦습니다. 그런데 양은 몸이 더러워져도 그냥 그대로 뒹굽니다. 성경은 우리가 '다 양같이' 더럽다고 말씀하십니다.

> 모든 사람이 죄를 범하였으매 하나님의 영광에 이르지 못하더니 [롬 3:23]

> …의인은 없나니 하나도 없으며 [롬 3:10]

3. 오염된 인간

이렇게 인간은 너무나 쉽게 죄로 인하여 오염되는 존재입니다. 그런데도 인간은 자기 스스로 깨끗하게 할 수 없습니다. 자기 스스로 변화시킬 수 없는 양과 같습니다.

양은 자기 혼자서는 결코 살 수 없는 존재입니다. 목자는 양의 생명의 근원이며, 존재와 생존의 토대입니다. 그러기에 오직 철저하게 목자를 의존할 때만 양은 살 수 있고 건강을 유지할 수 있습니다. 목자가 양들이 가야 할 길을 인도할 때만 양들은 길을 잃지 않고 목적지까지 갈 수 있습니다. 목자가 양들을 지킬 때만 양들은 생명과 안전을 보장받을 수 있습니다. 목자가 양들에게 필요한 모든 양식과 물을 공급할 때만 양들은 풍성한 꼴을 먹고 시원한 물을 마실 수 있습니다.

인간 역시 목자이신 하나님이 없이는 결코 살 수 없는 존재입니다. 인간은 철저하게 목자이신 하나님께 의존할 때만 살아갈 수 있습니다. 목자이신 하나님께서 우리가 가야 할 길을 인도하실 때만 길을 잃지 않고 목적지까지 잘 갈 수 있습니다.

목자이신 하나님께서 우리를 지키실 때만 생명과 안전을 보장받을 수 있습니다. 목자이신 하나님께서 우리에게 필요한 하늘의 양식과 신령한 생수를 공급해 주실 때만 풍성한 꼴을 먹을 수 있고 시원한 물을 마실 수 있습니다. 따라서, 양인 우리의 진정한 해답은 오직 목자이신 하나님이십니다. 다윗은 "여호와께서 나의 목자시다"라고 고백합니다.

여호와는 나의 목자시니⋯ [시 23:1]

III. 부족함이 없게 하시는 하나님

다윗은 어린 시절부터 부모와 형제들의 따뜻한 사랑과 관심과 귀염을 받지 못했습니다. 오히려 거절과 상처를 많이 받으며 자랐습니다. 다윗은 이새의 여덟 아들 중 막둥이였습니다. 따라서 부모의 사랑과 형들의 귀여움을 많이 받고 자라는 게 정상입니다. 그렇지만 실제로는 그렇지 못했습니다.

다윗은 어릴 때부터 부모의 따뜻한 사랑과 관심을 받지 못하고 베들레헴 들판에 홀로 떨어져서 양을 치며 외롭게 살았습니다. 그 들판은 실제로 사자나 곰이 나타나서 양 떼를 공격하는 참으로 위험천만한 곳이었습니다(삼상 17:34-35). 다윗은 아버지 이새에게 잊힌 존재였고, 어린 나이에 가정의 온갖 허드렛 일을 홀로 감당하는 종이나 다를 바 없는 천한 아들이었습니다. 아버지 이새는 가장 위험하고 힘든 양치기의 일을 여덟 아들 중에서 가장 어린 막둥이 다윗에게 맡겼습니다. 사무엘 선지자가 다윗을 왕으로 기름 붓기 위해 베들레헴으로 와서 이새에게 아들들을 다 부르라고 했을 때, 이새는 다윗을 제외하고 다른 일곱 아들만 불렀습니다.

또한, 블레셋이 이스라엘을 침략하여 큰아들과 둘째, 셋째가 전쟁에 나갔을 때 이새는 그들의 안부를 알기 위해 그 위험한 전쟁터에 막내아들 다윗을 보냈습니다. 다윗 위로 형들이 네 명이나 있었음에도 어린 다윗을 보낸 것입니다. 이런 사실들을 보면 아버지 이새가 다윗을 어떻게 취급했는가를 능히 짐작할 수 있습니다.

또한, 다윗은 어머니의 따뜻한 사랑과 관심도 받지 못한 것 같습니다. 역대상 2장 13-17절을 보면 다윗에게는 스루야와 아비가일, 두 누이가 있었습니다. 그런데 사무엘하 17장 25절에는 아비가일(아비갈)의 아버지가 이새가 아니라 나하스로 기록되어 있습니다. 따라서, 다윗의 누이인 스루야와 아비가일(아비갈)의 친아버지는 이새가 아니라 나하스였습니다.

스루야와 아비가일의 모친은 전(前)남편 나하스와의 사이에서 두 딸, 스루야와 아비가일을 낳은 후 남편이 죽자 이새와 재혼하여 다윗의 형제들을 낳았습니다. 이처럼 다윗의 아버지는 이새였지만, 누이 스루야와 아비가일의 아버지는 나하스였습니다. 이렇게 아버지가 다른, 복잡한 열 명이나 되는 자녀들 속에서 다윗은 막내였기에 어머니의 따뜻한 사랑과 관심을 받고 자라는 게 쉽지 않았을 것입니다.

게다가 형들까지 막내 다윗을 무시하고 업신여기면서 함부로 대했습니다. 다윗이 아버지의 명령을 따라 블레셋과의 전쟁에 나간 형들을 면회 갔을 때 큰 형 엘리압은 다윗에게 분노하며 이렇게 야단쳤습니다.

> 큰 형 엘리압이… 다윗에게 노를 발하여 이르되 네가 어찌하여 이리로 내려왔느냐 들에 있는 양들을 누구에게 맡겼느냐 나는 네 교만과 네 마음의 완악함을 아노니 네가 전쟁을 구경하러 왔도다 [삼상 17:28]

이처럼 다윗은 결혼하기 전까지 부모를 비롯한 형들의 무시와 천대를 받고 불행하게 살았습니다. 그리고 결혼 후에도 힘든 삶을 살았습니다. 그는 사랑하여 결혼했던 본처 미갈에게 존경받지 못하고 무시당하며 살았습니다. 다윗이 법궤를 예루살렘으로 옮길 때 그는 왕임에도 불구하고 기쁨에 넘쳐 하나님 앞에서 덩실덩실 춤을 추었습니다. 그런데 그 모습을 창문으로 내다보고 있었던 미갈은 심중에 다윗을 업신여기며 이렇게 비꼬아 말했습니다.

> … 사울의 딸 미갈이 나와서 다윗을 맞으며 이르되 이스라엘 왕이 오늘 어떻게 영화로우신지 방탕한 자가 염치 없이 자기의 몸을 드러내는 것처럼 오늘 그의 신복의 계집종의 눈앞에서 몸을 드러내셨도다 [삼하 6:20]

이렇게 다윗의 인생은 참 불행했습니다. 그는 결혼하기 전까지 불행한 삶을 살았고 결혼 후에도 힘든 삶을 살았습니다. 아내 미갈과의 관계가 좋지 못했고, 장인인 사울 왕으로부터 10년이 넘는 오랜 기간 동안 끊임없이 생명의 위협을 당했습니다. 게다가 다윗의 배다른 아들들은 서로 죽이고 죽는 피비린내 나는 암투를 벌였습니다. 심지어 압살롬은 아버지의 왕위를 빼앗기 위해 쿠데타를 일으켜 아버지를 죽이려고 했습니다.

이처럼 다윗은 일생을 살면서 극심한 고난과 시련을 연이어서 겪었고, 마음의 큰 고뇌와 고통을 당했습니다. 더군다나 그런 극심한 아픔과 고통과 시련이 가장 가까운 관계인 부모, 형제, 아내, 자녀들, 장인으로부터 왔기에 더욱 견디기 힘들었을 것입니다. 그런데도 다윗은 지나온 자신의 인생을 돌이켜 보며 '내게 부족함이 없다'라고 감격에 넘쳐 고백합니다.

여호와는 나의 목자시니 내게 부족함이 없으리로다 [시 23:1]

여기서 "내게 부족함이 없으리로다"라는 단어는 히브리어로 '로 에흐싸르'입니다. '에흐싸르'(내게 부족함이)는 '모자라다, 결핍되다, 부족하다'라는 의미입니다. 그리고 '로'(없으리로다)라는 단어는 히브리어에서 가장 강한 의미를 지닌 부정어(否定語)입니다다. 그 뜻은 '절대 아니다, 전혀 없다'라는 의미입니다. 따라서, "부족함이 없으리로다"라는 말은 '매우 넉넉하고 풍족하여 부족함과는 아무런 상관이 없다'라는 뜻입니다.

그리고 '부족함이 없으리로다'(로 에흐싸르)의 시제가 미완료형입니다. 히브리어에서 미완료 시제는 '반복'과 '계속'을 나타냅니다. 따라서, 부정어 '로'와 미완료형 시제가 함께 사용되면 '영속적인 금지, 절대적인 금지'를 나타냅니다. 따라서, "여호와는 나의 목자시니 내게 부족함이 없으리로다"라는 다윗의 고백은 "여호와가 나의 목자시기에 나는 영원토록 가득하고 넉넉하여 부족함이 없다"라는 고백입니다. 그렇다면 다윗이 자신의 일생을 돌이켜 보면서 이렇게 감격하고 고백하는 이유가 무엇입니까?

1. 선한 목자 하나님

양들이 언제 가장 부족함이 없음을 느낍니까? 목자의 품 안에 안겨 있을 때입니다. 이처럼 양과 목자의 관계는 친밀하고 깊이 신뢰하며 사랑하는 관계입니다.

왜 다윗이 부족함이 없다고 고백합니까? 그가 선한 목자이신 여호와 하나님의 품 안에 있기 때문입니다. 선한 목자이신 하나님과 인격적인 친밀한 사랑의 관계 속에 있기 때문입니다.

여호와는 나의 목자시니 내게 부족함이 없으리로다 [시 23:1]

우리의 진정한 만족이 어디에 있습니까? 어떤 사람들은 물질에서 삶의 만족을 얻으려고 물질을 열심히 추구합니다. 그러나 물질은 바닷물과 같기에 결코 우리에게 참된 만족을 줄 수 없습니다. 유대인의 지혜서인 탈무드는 재물에 대해 이렇게 말합니다.

재물이란 무엇입니까?
돈은 마치 바닷물과 같습니다. 마시면 마실수록 더욱 나를 목마르게 하는 것, 그것이 재물입니다.

바닷물을 마시면 마실수록 갈증이 더해 가는 것처럼, 물질로써는 결코 참된 만족을 누릴 수 없습니다. 마실수록 우리 영혼의 목마름은 가중되고 우리는 더 깊은 영혼의 갈증을 느낍니다.
솔로몬 왕은 인간이 누릴 수 있는 최고의 부귀와 영화와 권세와 쾌락과 장수를 누렸지만 인생의 마지막 깊은 허무함을 느끼며 이런 고백을 할 수밖에 없었습니다.

…헛되고 헛되며 헛되고 헛되니 모든 것이 헛되도다 [전 1:2]

우리 인간은 이 세상에 있는 것들만 가지고서는 결코 만족을 누리며 살수 없습니다. 왜냐하면, 우리 안에는 하나님께서 그분의 형상으로 창조하신 영혼이 있기 때문입니다. 하나님께서 그분의 생기를 불어넣으셔서 만드신 우리의 영혼은 이 세상 것으로는 결코 만족을 누릴 수 없습니다. 오직 영혼을 지으신 하나님 품 안에 있을 때만, 그 하나님과 인격적인 친밀한 사랑의 관계 속에 있을 때만 진정한 만족을 누릴 수 있습니다.

이것이 바로 성 어거스틴(St. Augustinus, 354-430)의 고백이었습니다. 어거스틴은 주님을 인격적으로 만나 그분 안에서 참된 안식과 만족을 누리기까지 끊임없이 참된 만족을 찾아다니며 살았습니다. 그는 마니교 이단에도 빠졌고, 성적인 죄악에 깊이 빠져서 사생아를 낳기까지 했습니다. 그러나 어거스틴은 결코 참된 만족과 안식을 누릴 수 없었습니다.

그러다가 결국 그는 주님을 인격적으로 만나게 되었고, 그분 안에 거하게 되었습니다. 그때 그는 세상의 그 어떤 것으로도 누릴 수 없었던 참된 만족과 안식을 누리게 되었습니다. 어거스틴의 「고백록」(*Confessions*, 397-400) 첫 부분을 보면 이런 고백이 기록되어 있습니다.

오, 주님! 주님께서는 우리를 당신을 위한 존재로 창조하셨

습니다. 그러므로 우리의 마음은 당신 안에서 안식을 발견하기까지 쉼을 누릴 수 없습니다.

우리 인간이 만족하지 못하고 무엇인가를 계속 목마르게 찾고, 끊임없이 갈망하며 추구하는 이유가 무엇입니까?

우리 영혼 속에 참된 것을 소유하지 못했기 때문입니다. 그래서 인간은 영혼이 공허하기에 끊임없이 집요하게 대용품들과 모조품들을 추구합니다. 돈을 추구하고, 명예를 추구하고, 권력을 추구하고, 학식을 추구하고, 세상 기쁨과 쾌락을 추구하고, 사람들의 인정과 칭찬을 추구하고, 자존심을 추구합니다.

그러나 우리 영혼 깊은 곳에 진정으로 원하는 것은 돈이 아닙니다. 명예도 아닙니다. 권력도 아닙니다. 세상 기쁨과 쾌락도 아닙니다. 우리가 그것들을 추구하면 추구할수록 더욱 목이 타고 더 갈증이 납니다. 더욱 마음이 공허해집니다. 더욱 외롭고 괴롭고 고통스럽습니다.

우리가 그렇게 하는 것은 생수의 근원이신 하나님을 버리는 것입니다. 그리고 하나님 대용품으로, 물을 저축하지 못하는 터진 웅덩이를 우리 스스로 파는 것입니다.

내 백성이 두 가지 악을 행하였나니 곧 그들이 생수의 근원

되는 나를 버린 것과 스스로 웅덩이를 판 것인데 그것은 그 물을 가두지 못할 터진 웅덩이들이니라 [렘 2:13]

2. 영혼이 참된 만족이신 하나님

우리 영혼이 그렇게도 애타고 목마르게 찾고 있는 것은 우리 영혼을 창조하신 생수의 근원이신 여호와 하나님이십니다. 우리 영혼의 참된 만족이신 선한 목자이신 야훼 하나님이십니다. 그 하나님과 인격적인 사랑의 관계 속에서 그분과 친밀한 교제를 나누는 것입니다.

여호와는 나의 목자시니 내가 부족함이 없으리로다 [시 23:1]

다윗의 이 고백이 바로 엄마를 잃고 슬피 울다가 결국 엄마를 찾아서 그 엄마 품에 안긴 아이의 고백입니다. 목자를 떠나 길을 잃고 방황하다가 결국 목자를 찾아서 여호와 하나님의 품에 안긴 양의 고백입니다.

따라서, 인간은 목자이신 하나님의 품을 떠나서는 목자이신 하나님과 인격적인 사랑의 관계 속에서 서로를 알게 되는 개인적인 친밀한 교제가 없이는 결코 만족한 삶을 살 수 없습니다.

> 내가 온 것은 양으로 생명을 얻게 하고 더 풍성히 얻게 하려는 것이라…나는 선한 목자라 나는 내 양을 알고 양도 나를 아는 것이 아버지께서 나를 아시고 내가 아버지를 아는 것 같으니… [요 10:10, 14-15]

그러기에 다윗의 유일한 힘의 원천은 그가 목숨보다 더 사랑했던 목자이신 야훼 하나님이었습니다.

> 나의 (유일한) 힘이신 여호와여(야훼여) 내가 주를 사랑하나이다 [시 18:1]

따라서, 다윗의 유일한 소원 역시 목자이신 야훼 하나님 그분 자신이었습니다.

> 내가 여호와께 바라는 한 가지 일 그것을 구하리니(NIV: One thing I ask from the Lord, this only do I seek), 곧 내가 내 평생에(all the days of my life) 여호와의 집에 살면서 여호와의 아름다움을 바라보며 그의 성전에서 사모하는 그것이라(to seek him in his temple) [시 27:4]

다윗의 이 고백은 바로 선한 목자이신 야훼 하나님 품에 안긴 양의 고백입니다. 그러므로 양인 우리는 그 어떤 것보다도 목자이신 하나님을 구해야 합니다. 양인 우리에게는 많은 필요가 있기에 여러 가지 욕구를 추구하며 삽니다. 그 욕구는 먹는 것, 마시는 것, 입는 것, 거주하는 것, 안전하게 보호받는 것, 건강하게 사는 것, 휴식하고 안식하는 것, 사랑받고 인정받는 것, 자아를 실현하는 것 등입니다.

인간에게는 선한 목자이신 하나님과의 인격적인 사랑의 관계와 친밀한 교제가 반드시 필요한 것입니다.

따라서, 양인 우리가 추구해야 할 가장 중요한 욕구는 선한 목자이신 하나님을 사랑하고, 구하고, 찾고, 따르고, 그분과 함께하며 교제하려는 욕구입니다. 이것만 있으면 우리의 모든 욕구는 근본적으로 해결될 수 있습니다. 우리가 선한 목자이신 하나님과 인격적인 사랑의 관계와 친밀한 교제를 나눌 때 하나님께서는 반드시 우리를 인도하시고 보호하시고 돌봐 주시기 때문입니다. 그래서 다윗은 시편 34편 10절에서 이렇게 고백합니다.

> 젊은 사자는 궁핍하여 주릴지라도 (목자이신) 여호와를 찾는 자는 모든 좋은 것에 부족함이 없으리로다 [시 34:10]

울창한 수풀이나 바위틈에 웅크리며 먹이를 향해 달려드는 혈기 왕성한 젊은 사자가 궁핍해지는 것은 상상조차 할 수 없습니다. 그러나 혹시 젊은 사자가 굶주리는 일이 있을지라도 목자이신 야훼 하나님을 찾는 자는 모든 좋은 것에 부족함이 없으신 그 하나님으로 말미암아, 그리고 그 하나님의 공급하심과 충만케 하심과 보호하심으로 말미암아 만족한 삶을 영원토록 누리게 됩니다.

3. 부족함이 없게 하시는 하나님

다윗은 태어나 자랐던 원(原)가정에서 행복한 삶을 살지 못했습니다. 결혼 생활도 불행했고, 자녀들 때문에도 가슴이 찢어지는 극심한 고통과 괴로움을 많이 당했습니다. 이렇게 다윗은 세상에서는 갖지 못한 것이 많이 있었습니다. 그렇지만 선한 목자이신 하나님 안에서 세상 것들과 비교할 수 없는 훨씬 더 크고 값지고 영원한 것들을 소유했습니다.

다윗은 하나님의 은혜로 구원을 얻었고 가장 귀한 영생을 얻었습니다. 하나님께서 친히 '내 마음에 맞는 자'라고 칭찬하시면서 그를 통하여 하나님의 뜻을 다 이루리라고 하셨습니다. 그리고 하나님의 약속대로 그의 후손에서 메시아 예수 그리스도가 구주로 나셨습니다. 또한 다윗은 그가 살았던 당대에 하나님의 뜻을 다 이루면서 온전히 하나님을 섬겼습니다.

> (하나님이)… 다윗을 왕으로 세우시고 증언하여 이르시되 내가 이새의 아들 다윗을 만나니 내 마음에 맞는 사람이라 내 뜻을 다 이루리라 하시더니 하나님이 약속하신 대로 이 사람의 후손에서 이스라엘을 위하여 구주를 세우셨으니 곧 예수라… 다윗은 당시에 하나님의 뜻을 따라 섬기다가 잠들어… [행 13:22, 36]

우리가 이 땅에 태어나 얻을 수 있는 최고의 복은 구원 얻는 복이고, 구원 얻은 우리가 얻을 수 있는 최고의 복은 하나님께 쓰임 받는 복입니다. 그런데 다윗은 그 두 가지 복을 다 얻었습니다. 그러기에 다윗은 세상에서 갖지 못한 축복보다 목자이신 하나님 안에서 가진 복이 훨씬 더 크고 더욱 값지고 영원한 복이었습니다. 그러기에 다윗은 감격에 겨워 고백합니다.

> 여호와는 나의 목자시니 내게 부족함이 없으리로다 [시 23:1]

야훼 하나님께서 나의 목자가 되시고, 내가 늘 그분 안에 거하면, 그분과 친밀한 사랑의 관계 속에 있으면, 내 영혼은 부족함이 없게 됩니다. 비록 이 세상에서는 행복의 조건을 갖추지 못했다고 할지라도 나의 목자가 되시는 야훼 하나님 안에서 내가 가진 것은 훨씬 더 크고 더욱 값지고 영원한 것이기에 내 영혼은 풍성함을 얻고 깊은 만족을 누리게 됩니다.

그리고 나의 목자이신 하나님의 선하신 인도하심을 날마다 받게 됩니다. 그러기에 항상 우리의 선한 목자이신 하나님을 사랑합시다. 늘 그 하나님을 바라고 앙망합시다. 그분을 찾고 따르고 그분과 함께 거합시다. 그때 야훼 하나님께서 우리의 목자가 되셔서 우리의 삶을 전적으로 책임져 주실 것입니다. 그리고 죽을 때까지 여러분을 선하게 인도해 주실 것입니다.

> 이 하나님은 (선한 목자이신 야훼 하나님은) 영원히 우리 하나님이시니 그가 우리를 죽을 때까지 인도하시리로다 [시 48:14]

제2강
인도하시는 하나님

제2강
인도하시는 하나님

그가 나를 푸른 풀밭에 누이시며 쉴 만한 물 가로 인도하시는도다
내 영혼을 소생시키시고 자기 이름을 위하여
의의 길로 인도하시는도다 [시 23:2-3]

우리는 날마다 삶 속에서 많은 '스트레스'를 받고 삽니다. 그래서 전문가들은 우리를 고통스럽게 만드는 질병의 90%는 스트레스와 직간접으로 관련되어 있다고 합니다. 우리가 삶 속에서 스트레스를 과도하게 받거나 잘못된 방향으로 스트레스를 받으면 여러 가지 부정적인 증상들이 나타납니다. 여기서 벗어나는 것이 중요합니다.

I. 풀밭과 물가로 인도하시는 하나님

양은 본래 너무나 소심하고 겁이 많은 동물입니다. 양들에게

는 자기를 방어하고 보호할 수 있는 무기가 아무것도 없는데 그들을 호시탐탐 노리는 맹수들은 주위에 들끓고 있기 때문입니다. 그래서 거대한 양 떼가 풀밭에서 풀을 뜯다가 길 잃은 산토끼 한 마리만 덤불 뒤에서 뛰쳐나와도 깜짝 놀라 수백 마리가 다 도망을 칩니다. 놀란 양 한 마리가 겁에 질려 달아나면 다른 양들은 영문도 모른 채 함께 부리나케 도망을 칩니다.

이렇게 두려움이 많은 양이지만 푸른 초원에서 편안히 누워 쉴 때가 있습니다. 그들의 인도자요 보호자인 목자가 그들 곁에 함께 있을 때입니다. 목자가 양 떼 곁에 함께 있다는 것은 그 어떤 것으로도 가져다줄 수 없는 참된 평안을 양들에게 가져다줍니다.

1. 두려움에서의 해방

우리 역시 그러합니다. 선한 목자이신 주님께서는 세상 끝날까지 항상 양인 우리와 함께하신다고 분명히 약속하셨습니다.

> …볼지어다 내가 세상 끝날까지 너희와 항상 함께 있으리라 [마 28:20]

이렇게 선한 목자이신 주님께서 늘 내 곁에서 나와 함께 있다는 사실보다 나를 담대하게 만들고 평안하게 만드는 것은 없습니다.

오늘 우리는 언제 무엇이 닥칠지 모르는 불확실하고 불안한 삶을 살아가고 있습니다. 우리의 인생길에서 수많은 문제와 어려움과 고통이 도사리고 있습니다. 만약 우리 곁에 선한 목자이신 주님께서 함께 하지 않으신다면 우리는 염려와 두려움과 불안 속에 빠져 살 수밖에 없습니다. 그러나 선한 목자이신 주님께서는 우리가 그분을 온전히 신뢰하고 다 맡기고 살 때 함께하시면서 참된 평안을 우리에게 주십니다.

> 평안을 너희에게 끼치노니 곧 나의 평안을 너희에게 주노라 내가 너희에게 주는 것은 세상이 주는 것과 같지 아니하니라 너희는 마음에 근심하지도 말고 두려워하지도 말라
> [요 14:27]

선한 목자이신 주님께서 주시는 평안은 결코 세상이 주는 평안과 같지 않습니다. 세상이 주는 평안은 환경에 좌우되는 평안입니다. 문제와 어려움과 걱정거리가 없을 때만 누릴 수 있는 평안입니다. 그런데 우리네 인생살이에 있어서 이런 때가 과연 얼

마나 됩니까?

오늘 우리 가운데 아무런 문제와 어려움과 걱정거리가 없는 가정이 얼마나 되겠습니까?

따라서, 우리의 평안함이 우리의 환경과 상황에 달려 있다면, 우리가 평생을 살면서 평안한 삶을 살 수 있는 때가 많지 않을 것입니다. 또한 세상이 주는 평안은 오래갈 수 없고, 잠시 있다가 사라지는 일시적인 평안입니다.

환경과 상황이 좋을 때는 평안하고, 좋지 않을 때는 평안하지 않는다면 그 평안함이 얼마나 지속되겠습니까?

그런데 선한 목자이신 주님께서 주시는 평안은 세상이 주는 평안과 근본적으로 다릅니다. 주님께서 주시는 평안은 골짜기에 자리 잡은 잔잔한 호수와 같은 평안함이 아닙니다. 그것은 바람이 없기에 잔잔한 것뿐이고 비가 쏟아지지 않기 때문에 맑게 보일 뿐입니다. 바람이 불면 물결이 일고, 비가 쏟아지면 흙탕물이 될 수 있습니다.

따라서, 잔잔한 호수의 평안은 좋은 환경 때문에 잠깐 고요한 것뿐입니다. 이것이 바로 세상이 주는 평안입니다. 그러나 선한 목자이신 주님께서 주시는 평안은 환경을 초월하고 상황을 능가하는 평안입니다. 심령 깊은 곳에서 솟아나는 참되고 영원한 평안입니다.

마치 갈릴리 바다에서 주님께서 누리셨던 그와 같은 평안입니다. 광풍이 휘몰아쳐서 파도가 요란하게 소리치며 뱃전을 때리고, 제자들은 죽게 되었다고 아우성치는 요란한 공포의 분위기 속에서도 고물에 베게 하고 깊이 잠이 드신 주님의 모습 속에서 우리는 선한 목자이신 야훼 하나님께서 주시는 참된 평안함이 어떤 것인가를 잘 알 수 있습니다.

"그가 나를 푸른 풀밭에 누이시며 쉴 만한 물가로 인도하시는도다"라고 고백하는 다윗은 일평생 동안 수많은 어려움과 문제와 위기 속에서 고통당하며 살았습니다. 그러나 다윗은 그 어려움과 문제와 위기의 한복판에서 선한 목자이신 야훼 하나님 곁에 평안히 누워서 자고 있습니다.

> 내가 평안히 눕고 자기도 하리니 나를 안전히 살게 하시는 이는 오직 여호와(야훼) 이시니이다 [시 4:8]

세상을 살다 보면 때때로 염려하고 불안해하며 두려워할 수밖에 없는 일들이 우리를 찾아옵니다. 그때 선한 목자이신 하나님께서는 그 일들을 해결해 주시고 물리쳐 주셔서 평안을 누리게 하십니다. 그러나 많은 경우에는 문제를 해결해 주시기보다 그 문제의 한복판에서 선한 목자이신 하나님으로 말미암아, 그분이 주시는 은혜로 말미암아 평안을 누리게 하십니다. 그래서 우리는 하나님 안에서 참된 평안과 안식을 누리게 됩니다.

2. 고통 속에서의 해방

여름에 양들은 말파리나 쇠파리, 진드기 등의 해충에 시달려서 고통을 당할 때가 많이 있습니다. 특히, 양은 그 털이 너무 부드럽고 숱이 많기에 한 번 진드기나 해충이 서식하기 시작하면 웬만해서는 떨어져 나가지 않습니다. 그때 양들은 극도로 신경이 날카로워져서 도무지 누워 쉴 수가 없습니다.

결국, 견디다 못한 양들은 해충들을 몸에서 떼어 내기 위해 발을 구르며 머리를 마구 흔들어 대기 시작합니다. 그래도 떨어지지 않으면 양들은 덤불 속에 뛰어들어 몸에 피가 나고 가죽이 벗겨지도록 나무에도 몸을 비비기 시작합니다. 따라서, 목자는 자기 양 떼가 기생충으로 인해 고통당하지 않도록 여러 가지 구충제를 사용합니다. 또한, 진드기가 떨어져 나가도록 양털을 살충제로 잘 씻어 줍니다. 그리고 양들이 해충들의 시달림에서 벗어나 편안하게 휴식을 취하도록 쉴 만한 나무숲과 덤불들을 준비합니다.

이와 마찬가지로 우리의 삶 속에서 우리를 괴롭히는 여러 가지 영적 기생충이나 영적 해충들이 있습니다. 영적 기생충은 우리 안에서 내적으로 우리를 괴롭히는 것으로 죄악된 성품, 타락하고 부패한 자아, 잘못된 죄책감이나 정죄 의식, 열등의식, 낮은 자존감, 상처로 인한 고통과 쓴 뿌리 등입니다.

영적 해충은 우리 밖에서 외적으로 우리를 괴롭히는 것으로 타락한 세상, 죄악, 마귀, 그리고 우리를 힘들게 하는 상황과 사람들 등입니다. 주님께서는 영적 구충제와 영적 살충제인 주님의 거룩하신 이름과 보혈, 하나님의 말씀, 하나님의 사랑과 용서, 성령의 능력을 사용하셔서 우리에게 있는 영적 기생충과 영적 해충들을 제거하시고 깨끗이 씻어 주십니다. 그래서 우리는 선한 목자이신 주님 안에서 참된 평안과 안식을 누리게 됩니다.

크리스티 김(Christy Kim)이 쓴 『인생의 응어리를 풀라』(Pour Out Your Heart To God)라는 책에 보면 이런 이야기가 기록되어 있습니다.

한번은 크리스티 김이 체격이 건강한 어떤 남자 집사님과 상담한 적이 있었습니다. 어깨가 떡 벌어지고 키와 체격도 그렇게 큰 마흔을 넘긴 중년의 집사님이 울적한 얼굴로 눈물까지 글썽이며 이렇게 말했습니다.

"제가 이렇게 나이를 먹고 아이도 둘이나 되지만, 저는 아직도 아버지한테 듣고 싶은 말이 있습니다. 저는 아버지로부터 한 번도 칭찬의 말을 들어보지 못했습니다. 저는 어떻게 해야 아버지한테 칭찬을 들을 수 있을지 아직도 어린아이처럼 몸부림치고 있습니다."

그는 커서 예수님을 믿는 신자가 되었지만 하나님 아버지도 아무리 수고하고 봉사해도 육신의 아버지처럼 칭찬을 하지 않으실 것 같다는 생각이 드는 것입니다. 그런데 상담 후에 그렇게 칭찬의 말 한마디를 안 해 주던 육신의 아버지, 자기에게 일말의 애정 표현을 안 했던 그 아버지를 하나님의 사랑과 예수 그리스도의 이름으로 용서했습니다.

그러자 아픔의 껍질이 떨어져 나가면서 자신을 사랑하시는 하나님을 깊이 만나게 되었고, "수고했다"라고 칭찬하시는 주님의 음성을 듣게 되었습니다. 크리스티 김의 피상담자는 영적 구충제인 하나님의 사랑과 용서하는 마음을 가지며 자기 안에 깊이 뿌리박혀 있었던 영적 해충들을 제거하고 참된 자유와 만족을 누리게 된 것입니다.

배가 고픈 양들은 누워 있을 수가 없었습니다. 그들은 허기진 배를 채우기 위해 이리저리 돌아다니면서 먹을 풀을 찾습니다. 그러다가 먹을 풀이 없으면 나중에는 참지 못하여 독초까지 뜯어 먹습니다. 반면에 배가 부르면 풀밭에 누워서 지그시 눈을 감고 편안하게 되새김질을 합니다. 따라서, 양들이 '푸른 풀밭에 누워 있다'라는 것은 배가 불러서 흡족한 상태에 있다는 것을 보여줍니다.

그가 나를 푸른 풀밭에 누이시며… [시 23:2]

여기서 "푸른 풀밭"(쁘느오트 떼쉐, in green pastures)이라는 단어는, "풀"(떼쉐)이라는 단어와 "거주지, 목초지"(나아)라는 단어가 함께 쓰인 것입니다. 따라서, "푸른 풀밭"은 단순히 양이 먹을 수 있는 풀이 많이 나 있는 초원만을 가리키는 것이 아닙니다. 이곳은 거주할 수 있는 곳, 즉 광야의 뜨거운 햇볕을 피하여 쉴 수 있는 그늘진 곳도 포함하는 이상적인 목초지를 가리킬 때 사용되는 단어입니다.

거친 광야와 험한 산지가 대부분인 팔레스타인에서 이러한 목초지는 양들에게 풍요와 안식과 평안을 주기에 충분한 삶의 터전이었습니다. 이곳에서 양들은 싱싱하고 부드러운 풀을 마음껏 먹은 후 드러누워 편히 쉴 수 있습니다. 그리고 "그가 나를… 누이시며"(야르뻬체니)라는 단어는 시제가 미완료 시제입니다. 히브리어에서 미완료 시제는 '반복'과 '계속'을 나타냅니다. 따라서, "그가 나를 푸른 풀밭에 누이신다"라는 것은 목자가 양의 일생 동안 계속해서 '푸른 풀밭에 누이신다'라는 의미입니다.

그뿐만 아니라 양 떼가 푸른 풀밭에 누워 있다는 것은 목마르지 않은 상태임도 의미합니다. 양이 목이 마르면 결코 풀밭에 누워 있을 수 없습니다. 목이 마른 양들은 풀밭에 누워 있지 않고 갈증을 해결하기 위해 끊임없이 물을 찾아 헤매고 다닙니다. 만일 마실 만한 맑고 깨끗한 물을 찾아내지 못하게 되면 나중에는 참지 못하여 기생충과 세균들이 득실거리는 더러운 웅덩이의 오염된 물까지 가리지 않고 마시게 됩니다.

따라서, 양들이 푸른 풀밭에 누워 있다는 것은 목자가 양들에게 살찐 꼴을 풍성하게 공급했을 뿐만 아니라 양들을 쉴 만한 물가로 인도하여 맑고 시원한 물을 마음껏 마시도록 했기 때문입니다.

> 그가 나를 푸른 풀밭에 누이시며 쉴 만한 물가로 인도하시는도다 [시 23:2]

여기서 "쉴 만한"(메누호트)이라는 단어는 "잔잔한"(KJV: still, NIV: quiet)이라는 의미입니다. 따라서, "쉴만한 물가"(알 메 메누호투, NIV: beside quiet waters)는 '깨끗한 물이 잔잔하게 흐르는 시냇가로 양들이 안전하게 물을 먹기에 적당한 곳'을 가리킵니다. 양은 본능적으로 흐르는 물에 대한 공포심이 있습니다.

가축들 가운데 수영을 가장 못 하는 짐승이 양입니다. 그래서 양들은 조금이라도 세게 흐르는 물가에서는 아무리 목이 말라도 물을 마실 수 없습니다. 이 사실을 아는 목자는 목말라하는 양 떼를 이끌고 '잔잔한 물가'로 인도합니다.

그리고 "인도하시도다"라는 단어(나할)는 '인도하다, 보호하다'라는 의미입니다. 양 떼가 잔잔한 물가에서 물을 마시면서 편안하게 쉴 때 목자는 양 떼를 보호하기 위해 긴장 가운데서 경계를 늦추지 않습니다. 왜냐하면, 주변에는 호시탐탐 양의 생명을 노리는 맹수들이 있기 때문입니다.

이곳은 맑은 물이 있고 시원한 곳이기에 맹수들도 아침저녁으로 자주 이곳에 와서 물을 마시고 갑니다. 그러기에 양 떼가 잔잔한 물가에서 물을 마시면서 편안하게 쉴 수 있는 것은 목자가 양 떼를 잔잔한 물가로 인도했을 뿐만 아니라 양 떼를 보호하기 위해 불철주야(不撤晝夜)로 지키고 있기 때문입니다. 여기서 "그가 나를 인도하시도다"라는 단어의 시제는 미완료시제입니다. 즉, 목자가 양의 일생 동안 계속해서 '잔잔한 물가로 인도하시고 보호하신다'라는 의미입니다.

마찬가지입니다. 선한 목자이신 주님께서는 양인 우리를 주님의 식탁으로 인도하셔서 평생 생명의 꼴을 계속 먹이십니다. 즉, 주님 자신을 주시고 말씀의 꼴과 은혜의 꼴을 계속 먹이시는 것입니다. 또한, 생수의 음료도 계속 마시게 하십니다. 즉, 성령의 생수를 끊임없이 마시게 하시는 것입니다.

그래서 우리의 굶주린 영혼을 평생토록 만족하게 하시고 우리의 갈한 영혼을 평생토록 시원하게 하십니다. 그래서 우리는 주님 안에서 영혼의 안식과 평안을 마음껏 누리게 됩니다.

> … 나는 생명의 떡이니 내게 오는 자는 결코 주리지 아니할 터이요 나를 믿는 자는 영원히 목마르지 아니하리라 [요 6:35]

> 내가 주는 물을 마시는 자는 영원히 목마르지 아니하리니 내가 주는 물은 그 속에서 영생하도록 솟아나는 샘물이 되리라 [요 4:14]

팔레스타인 지역은 척박한 광야와 험한 산지가 대부분으로 연평균 강우량이 600mm에 불과합니다. 비록 비가 온다고 해도 땅속으로 스며들 뿐 물이 잘 고이지 않는 토양입니다. 그래서 푸른 풀밭도 일 년 중 반 이상이 황무지로 변합니다. 10월, 11월에 농작물 파종과 관련된 이른 비가 내립니다. 그리고 3월, 4월에 수확과 관련된 늦은 비가 내립니다.

따라서, 이른 비가 내린 후 1월부터는 푸른 풀이 나기 시작하여 2월이 되면 목초가 무성해집니다. 그래서 2월, 3월이 되면 광야에도 풀과 꽃이 만발하여 아름다운 초원을 이루게 됩니다. 그러다가 4월이 지나고 5월에 접어들면 건기가 되어 비가 내리지 않기에 광야의 모든 풀이 시들고 물도 말라버립니다.

그래서 목자는 짐을 꾸려 푸른 목초지를 찾아 떠나게 되고 5-6개월 동안은 집에서 멀리 떨어진 곳에서 생활하게 됩니다. 그 기간 동안 목자와 양은 힘든 생활을 해야만 합니다. 날씨는 뜨겁고 풀도 다 시들어 버리고 물웅덩이도 말라버립니다. 그래서 목자는 양 떼를 먹일 푸른 초원과 쉴 만한 물가를 찾아다녀야 합니다.

건기 때 유대 광야에서 푸른 초원은 북쪽 계곡 비탈진 곳에 있고, 쉴 만한 물가 역시 북쪽 계곡의 아래에 있습니다. 이곳은 그늘이 지고 시원한 곳이지만, 이곳을 가려면 어두컴컴한 협곡을 지나가야 합니다. 따라서 양 떼를 거느리고 북쪽 계곡 비탈진 곳으로 가는 목자는 많은 수고와 노력을 기울일 수밖에 없습니다. 이런 목자의 많은 수고와 희생이 없이는 건기 때 황무지로 변한 유대 광야에서 양 떼가 푸른 초원에서 풍성한 꼴을 먹을 수 없고, 또한 쉴 만한 물가에서 맑고 시원한 생수를 마실 수 없습니다.

마찬가지로 우리가 생명의 떡을 먹고 영생의 생수를 마시며 참된 안식과 평안을 누릴 수 있는 것은 선한 목자이신 주님께서 말할 수 없는 수고와 희생을 치르셨고, 지금도 치르고 계시기 때문입니다. 주님께서는 양인 우리에게 영원한 생명의 양식을 주시기 위해 십자가에서 귀한 몸을 찢으셨습니다. 그 결과 우리는 영원히 주리지 않는 생명의 양식을 공급받게 되었습니다.

또한, 주님께서는 우리에게 영원히 목마르지 않은 생수를 주시기 위해 십자가에서 극심한 목마름의 고통을 당하셨습니다(요 19:28). 그리하여 우리는 영원히 목마르지 않은 영생의 생수를 공급받게 되었습니다.

지금도 선한 목자이신 주님께서는 우리가 주님을 온전히 신뢰하고 따르며 순종할 때 양인 우리를 하나님의 푸른 초원에 누이십니다. 성령의 쉴 만한 물가로 인도하십니다. 우리가 일생을 사는 동안 우리의 모든 필요를 공급해 주시고, 이 모든 것을 더해 주십니다. 그리고 늘 우리와 함께하시면서 우리가 죽을 때까지 우리의 인생길을 선하게 인도해 주십니다.

이 하나님은 영원히 우리 하나님이시니 그가 우리를 죽을 때까지 인도하시리로다 [시 48:14]

그래서 험난한 인생살이 가운데서도 참된 안식과 평안을 누리게 하십니다. 그러기에 양인 우리가 할 일은 선한 목자이신 주님을 온전히 신뢰하고 그분의 인도하심에 순종하는 것입니다. 그때 목자이신 주님께서는 우리를 완전한 평안으로 지켜 주십니다.

> 주께서 심지가 견고한 자를 평강하고 평강하도록 지키시리니 이는 그가 주를 신뢰함이니이다 [사26:3]

따라서, 우리가 어떤 상황 속에서도 완전한 평안의 삶을 살기 위해서는 선한 목자이신 주님을 온전히 신뢰해야 합니다. 그러면 우리의 심지가 견고해집니다. 속사람이 강해집니다.

II. 내 영혼을 소생(蘇生)케 하시는 하나님

인생을 살면서 때때로 우리는 정글에서 길을 잃고 헤매는 것과 같은 위기를 겪습니다. 알면서도 죄를 범하고, 또한 부지 중에 죄를 범합니다. 자신이나 가족들의 건강에 문제가 생깁니다. 인간관계 속에서 깊이 상처를 입어 마음이 상하기도 합니다. 지갑은 텅 비어 있고 빚쟁이들이 닦달합니다. 배우자와 냉담한 상태로 대화가 끊어진 지가 벌써 한 달이 넘었습니다. 자식은 속을 썩이고 반항하고 심지어 가출하기도 합니다.

이런 위기 상황들은 마치 아름드리 거목들이 꽉 들어찬 울창한 밀림 한가운데 있는 것과 같습니다. 그래서 어디로 가야 길을 찾을 수 있는지, 어떻게 해야 문제를 해결할 수 있는지 전혀 앞이 보이지 않습니다. 정신없이 돌아가는 일상이 얽히고설킨 덤불처럼 사방에 에워싸고 있기에 방향조차 잃고 무턱대고 앞을 향해 나아가고 있습니다.

이런 우리의 모습은 마치 뒤집힌 상태에 있는 양과 같습니다. 양은 치는 목자가 늘 경계를 게을리하지 않으면서 주의를 기울이는 것이 하나 있습니다. 자기의 양 떼 가운데 혹시 '뒤집힌 양'이 없는가 하는 것입니다. 만약 뒤집힌 양을 재빨리 찾아 일으켜 주지 않으면 아무리 몸집이 크고, 살이 찌고, 힘이 세며, 건강한 양이라고 할지라도 자신의 힘으로는 결코 다시 일어설 수 없습니다.

그래서 결국 질식하여 죽거나 맹수의 밥이 되고 맙니다. 양은 앞다리를 땅에 버티고 앉아 있으면 괜찮지만, 벌렁 뒤로 넘어져서 등이 땅에 닿고 네 발이 다 허공으로 들리게 되면 누가 일으켜 주지 않고서는 자기 힘으로는 결코 일어설 수 없습니다.

살이 찌고 털이 긴 양은 편안히 쉬기 위해 종종 조금 우묵하게 들어간 땅에 누우려고 합니다. 그러다가 미끄러져서 몸이 안쪽으로 구르게 됩니다. 이때 잘못하여 갑자기 몸의 중심을 잃게 되면 완전히 몸이 뒤집혀서 등이 땅바닥에 오게 됩니다. 발은 더 이상 땅에 닿을 수가 없게 됩니다. 뒤집혀진 양은 공포감에 사로잡혀 "매에, 매에" 울면서 네 발을 미친 듯이 허우적거리며 심하게 발버둥을 치기 시작합니다. 그러나 그럴수록 몸은 더 굴러가게 되고 다시는 자기 힘으로는 일어날 수 없게 됩니다.

이렇게 '뒤집힌 양'은 맹수들의 좋은 밥이 됩니다. 늑대, 들개, 표범, 곰, 사자, 독수리, 매 등은 호시탐탐 이런 양들을 노리고 있습니다. 살진 양고기는 그들에게 있어서 최상의 요리입니다. 맹수들은 고소한 양고기를 자기의 먹이로 삼기 위해 그냥 기다리고 있지 않고 애써서 찾아다닙니다. 그래서 기회를 엿보고 있다가 쏜살같이 달려들어 그 양을 찢어 자기의 양식으로 삼습니다.

따라서, 목자는 매일 같이 자기 양 떼에게 주의를 기울이면서 몇 번씩 양 떼의 숫자를 헤아려 봅니다. 만약 숫자가 모자라면 잃어버린 양을 찾기 위해 이쪽저쪽으로 달려갑니다. 그런 경우에는 대부분 그 양이 뒤집힌 채로 허우적거리고 있기에 최대한 급히 서두르는 것입니다.

이런 '뒤집힌 양'의 모습은 인생의 위기를 겪으면서 영적 침체에 깊이 빠져 길을 잃고 헤매는 우리의 모습에서도 찾아볼 수 있습니다. 우리는 하나님을 나의 목자로 삼고, 그분의 인도하심과 돌보심과 보호하심 속에서 인생을 살아가지만 때때로 우리 영혼이 깊은 침체 속에 빠져 우리 힘으로는 도저히 일어날 수 없는 때도 있습니다.

만약 선한 목자이신 하나님께서 우리를 찾아오셔서 일으켜 주지 않으신다면 우리 영혼은 발버둥 치다 파멸의 길로 가고 맙니다. 우는 사자같이 두루 다니면서 삼킬 자를 찾고 있는 원수 마귀의 밥이 될 수밖에 없습니다.

다윗은 푸른 초원과 쉴만한 물가로 인도하시는 여호와 하나님을 목자로 삼고 살았기에 '내가 부족함이 없으리로다'라고 고백합니다. 그러나 다윗 역시 오늘 우리에게 인생을 살면서 영적 침체의 늪 속에 깊이 빠져 자신의 힘으로는 일어나지 못하고 허우적거리며 몸부림치던 때가 여러 번 있었습니다. 그러기에 다윗은 고백합니다.

1. 내 영혼을 소생시키시고

시 23:3에 "(그가) 내 영혼을 소생시키시고…"라고 했습니다. 여기서 "영혼"이라는 단어(네페쉬)는 '인간 본질로서의 영혼

(soul), 즉 우리의 속사람, 우리 내면의 영적 삶'을 가리킵니다. 그리고 "소생시킨다"라는 단어(슈브)는 '돌이키다'(turn, return), '회복시키다'(restore), '새롭게 하다'(refresh)라는 의미입니다. 따라서, "영혼을 소생(蘇生)시키신다"라는 말은 '영혼이 실족하여 거의 죽게 된 것을 다시 일으켜 세워 새로운 생명과 활력을 불어넣는 것'을 가리킵니다. 국어사전에는 '소생'(蘇生)이라는 단어를 이렇게 설명합니다. "거의 죽어 가다가 다시 살아남".

이처럼 다윗은 영적 침체에 깊이 빠져 그 영혼이 죽어 가고 있었습니다. 그런데 하나님께서는 그를 불쌍히 여기셔서 그의 영혼을 살려 주시고 회복시켜 주셨습니다. 다윗은 인생을 살면서 영혼이 실족하여 죽게 된 때가 한두 번이 아니었습니다.

그렇다면 그 원인이 무엇이었을까요?

우리에게 영적 침체가 일어나는 데는 여러 가지 요인이 있습니다. 그중에서도 특별히 주요한 두 가지 요인을 다윗의 영적 침체의 모습을 통해 알 수 있습니다.

(1) 하나님께 대한 범죄로 인해 영적 침체가 발생합니다.

하나님께 범죄 할 때 우리와 하나님과의 관계는 단절되고 우리는 영적 침체에 깊이 빠지게 됩니다. 그 사실을 다윗의 생애 속에서 분명히 볼 수 있습니다. 다윗은 밧세바를 범하고, 남편 우리아를 사악한 계략으로 죽였습니다. 다윗이 그런 끔찍한 죄를 범한 때부터 하나님과의 관계는 단절되었고 그는 심한 양심의 가책에 시달리며 영적 침체 속으로 깊이 빠져 들어 갔습니다. 시편에 기록된 다윗의 여러 시는 그 사실을 분명히 보여줍니다.

> 내가 입을 열지 아니할 때에 종일 신음하므로 내 뼈가 쇠하였도다 주의 손이 주야로 나를 누르시오니 내 진액이 빠져서 여름 가뭄에 마름 같이 되었나이다 [시 32:3-4]

> 여호와여 주의 노하심으로 나를 책망하지 마시고 주의 분노하심으로 나를 징계하지 마소서 주의 화살이 나를 찌르고 주의 손이 나를 심히 누르시나이다 주의 진노로 말미암아 내 살에 성한 곳이 없사오며 나의 죄로 말미암아 내 뼈에 평안함이 없나이다 죄악이 내 머리에 넘쳐서 무거운 짐 같으니 내가 감당할 수 없나이다 [시 38:1-4]

> 내게 즐겁고 기쁜 소리를 들려주시사 주께서 꺾으신 뼈들도 즐거워하게 하소서 주의 얼굴을 내 죄에서 돌이키시고 내 모든 죄악을 지워 주소서… 주의 구원의 즐거움을 내게 회복시켜 주시고 자원하는 심령을 주사 나를 붙드소서 [시 51:8-12]

다윗은 인생의 수많은 날 동안 기쁨과 감사함으로 하나님을 찬양하며 살아왔습니다. 그런데 그가 죄를 범하자마자 그의 입에서는 기쁨과 감사의 소리가 그쳤고 찬양의 노래가 사라졌습니다. 무엇보다 그는 구원받은 감격과 즐거움을 잃어버리고 말았습니다.

다윗은 어둡고 캄캄한 영적 침체의 긴 터널 한가운데서 불안과 두려움에 떨고 있었습니다. 그리고 밤마다 고통과 슬픔의 눈물을 흘리며 뜬눈으로 온밤을 지새웠습니다. 이처럼 다윗이 죄악에 빠졌을 때 하나님과의 개인적이고 인격적인 아름다운 관계는 한순간에 깨어지고 말았습니다.

이렇게 하나님께 대한 불순종과 그로 인한 범죄는 우리의 영적 침체의 가장 크고 주요한 원인이 됩니다. 왜냐하면, 우리의 범죄의 본질은 하나님께 대한 불순종이며 반역이기 때문입니다. 불순종이 심각한 죄악인 이유가 있습니다. 불순종은 하나님의 권위를 무시하는 결과를 낳기 때문입니다. 불순종은 주권자 하나님의 하나님 되심을 인정하지 않고 무시하는 반역의 죄악입니다.

우리의 죄악이 크든지 작든지, 죄는 필연적으로 하나님과의 관계에 문제를 일으키고 우리의 영적 삶에 부정적인 영향을 주게 됩니다. 따라서 하나님께 대한 범죄로 인한 영적 침체에서 우리가 벗어나는 유일한 길은 하나님 앞에 우리의 죄를 철저히 회개하는 길밖에 없습니다.

> 자기의 죄를 숨기는 자는 형통하지 못하나 죄를 자복(自服, confess)하고 버리는 자는 불쌍히 여김을 받으리라 [잠 28:13]

다윗이 하나님께 범죄한 후 회개하지 않고 자기의 죄를 숨겼을 때 그는 뼈가 쇠하고, 진액이 빠져나가는 극심한 고통을 당하며 종일토록 신음했습니다. 그는 자신이 감당할 수 없는 죄악의 무거운 짐을 지고 뼛속 깊이 불안과 두려움을 느꼈습니다. 왜냐하면, 다윗처럼 하나님의 살아 계심과 선하심과 은혜로우심을 깊이 경험한 사람일수록 범죄로 인하여 초래된 하나님과의 관계 단절과 양심의 가책으로 인한 고통과 괴로움은 훨씬 더 크기 때문입니다.

그렇지만 다윗이 죄를 진실하게 회개했을 때, 그는 하나님의 불쌍히 여기심을 받을 수 있었습니다. 그래서 단절되었던 하나님과의 관계가 회복되었습니다. 그리고 구원의 즐거움을 다시 회복할 수 있었습니다.

> 허물의 사함을 받고 자신의 죄가 가려진 자는 복이 있도다… 내가 이르기를 내 허물을 여호와께 자복하리라 하고

주께 내 죄를 아뢰고 내 죄악을 숨기지 아니하였더니 곧 주께서 내 죄악을 사하셨나이다 [시 32:1, 5]

무릇 나는 내 죄과를 아오니 내 죄가 항상 내 앞에 있나이다 내가 주께만 범죄 하여 주의 목전에 악을 행하였사오니 주께서 말씀하실 때에 의로우시다 하고 주께서 심판하실 때에 순전하시다 하리이다 [시 51:3-4]

이렇게 하나님께 대한 범죄로 인해 초래된 우리의 영적 침체는 다른 어떤 것으로도 회복될 수 없습니다. 오직 정직하고 진실한 회개로만 가능합니다. 왜냐하면, 하나님께서는 진실하게 회개하는 자를 불쌍히 여기시고 그분의 크신 사랑과 은혜와 자비를 더욱 풍성하게 허락해 주시기 때문입니다. 그러므로 우리가 영적 침체에 깊이 빠질 때는 무엇보다 먼저 나 자신을 철저히 점검해 보아야 합니다.

'내가 하나님께 불순종하지는 않았는가?'

'내가 하나님께 대하여 범죄 하지는 않았는가?'

'나는 하나님의 권위를 인정하지 않고 무시하며 살지는 않았는가?'

그렇게 점검하면서 내가 하나님께 범죄하고 불순종했다면, 하나님의 권위를 인정하지 않았다면, 다윗처럼 철저히 회개해야 합니다. 그 때 우리는 하나님의 크신 은혜와 긍휼과 자비로 인하여 영적 침체에서 벗어날 수 있습니다.

(2) 힘들고 고통스러운 상황으로 인해 영적 침체가 발생합니다.

다윗은 일평생 동안 힘들고 고통스러운 상황을 수없이 맞이했습니다. 다윗은 그런 힘든 상황속에서도 오직 하나님만을 자신의 힘과 반석과 방패와 요새로 삼고 그 하나님을 전적으로 의지하며 살았습니다. 그리하여 하나님의 도우심과 보호하심으로 인하여 고통스러운 상황을 극복하고 승리할 수 있었습니다.

나의 힘이신 여호와여 내가 주를 사랑하나이다 여호와는 나의 반석이시요 나의 요새시요 나를 건지시는 이시요 나의 하나님이시요 내가 그 안에 피할 나의 바위시요 나의 방패시요 나의 구원의 뿔이시요 나의 산성이시로다 내가 찬송 받으실 여호와께 아뢰리니 내 원수들에게서 구원을 얻으리로다 [시 18:1-3]

내가 주를 의뢰하고 적군을 향해 달리며 내 하나님을 의지하고 담을 뛰어넘나이다 [시 18:29]

이런 다윗이었지만, 때로는 그가 극한적인 위기 상황을 맞이했을 때 영적 침체에 깊이 빠지기도 했습니다. 대표적인 경우가 압살롬이 반역을 일으켰을 때였습니다. 사랑하는 아들이 수많은 무리와 함께 반역을 일으키고 아버지를 죽이려고 할 때 백성들 대다수는 압살롬의 반역 사건이 다윗의 범죄로 인한 하나님의 심판이라고 비방했습니다.

그리고는 압살롬 편에 서서 함께 그를 대적했습니다. 민심이 급속히 이반 되었고, 전세가 압살롬 편으로 급속히 기울어졌습니다. 그때 상황이 얼마나 위급했던지 다윗은 맨발로 급히 예루살렘을 떠나 도망칠 수밖에 없었습니다. 그때의 모습을 성경은 이렇게 묘사합니다.

> 다윗이 감람 산 길로 올라갈 때에 그의 머리를 그가 가리고 맨발로 울며 가고 그와 함께 가는 모든 백성들도 각각 자기의 머리를 가리고 울며 올라가니라 [삼상15:30]

이때 다윗이 지은 시가 시편 3편입니다. 표제에 "다윗이 그의 아들 압살롬을 피할 때에 지은 시"라고 기록되어 있습니다.

> 여호와여 나의 대적이 어찌 그리 많은지요 일어나 나를 치

는 자가 많으니이다 많은 사람이 나를 대적하여 말하기를 그는 하나님께 구원을 얻지 못한다 하나이다 [시 3:1-2]

다윗은 인생을 살면서 이런 극한적인 위기 상황에 부딪혀 영적 침체에 깊이 빠질 때가 여러 번 있었습니다. 그때마다 다윗은 애타게 탄식하며 하나님께 간구했습니다.

여호와여 어느 때까지니이까 나를 영원히 잊으시나이까 주의 얼굴을 나에게 어느 때까지 숨기시겠나이까 나의 영혼이 번민하고 종일토록 마음에 근심하기를 어느 때까지 하오며 내 원수가 나를 치며 자랑하기를 어느 때까지 하리이까 [시 13:1-2]

내 하나님이여 내 하나님이여 어찌 나를 버리셨나이까 어찌 나를 멀리하여 돕지 아니하시오며 내 신음소리를 듣지 아니하시나이까 내 하나님이여 내가 낮에도 부르짖고 밤에도 잠잠하지 아니하오나 응답하지 아니하시나이다… 나는 벌레요 사람이 아니라, 사람의 비방거리요 백성의 조롱거리니이다 [시 22:1-2,6]

2. 은혜의 역사로 소생시키심

우리가 잘 아는 것처럼 다윗은 하나님의 마음에 맞는 영적 거인이며, 위대한 믿음의 사람입니다. 다윗 앞에 서면 우리의 모습은 영락없이 영적 난쟁이의 모습이고, 우리의 믿음은 소인배의 믿음입니다. 이렇게 다윗이 강한 믿음의 사람처럼 보이지만, 그 역시 우리와 똑같은 성정(性情)을 가진(약 5:17 참고) 연약한 인간에 불과했습니다.

그 역시 목자이신 하나님의 인도하심과 보호하심과 그분의 은혜 없이는 한 순간도 살 수 없는 연약한 한 마리 어린 양에 불과했습니다. 이 사실을 다윗은 일생을 통해 깊이 체험하고 또 체험했기에 벅찬 가슴으로 이렇게 고백합니다.

> (2가) 내 영혼을 소생시키시고… [시 23:3]

다윗은 하나님께서 자신의 선한 목자이신 증거를 자기의 영혼을 소생시키시는 하나님 은혜의 역사(役事)에서 찾습니다. 다윗은 영적 침체 속에 깊이 빠져 사망의 음침한 골짜기와 죽음의 계곡을 지나면서 선한 목자이신 하나님의 놀라운 사랑과 은혜를 깊이 경험했습니다. 그리고 그러한 경험을 통해 하나님과의 관계가 목자와 양의 관계임을 깊이 깨닫게 되었고, 영적 침체에서 벗어날 수 있게 되었습니다.

  이렇게 다윗은 일평생 동안 선한 목자이신 하나님의 사랑과 은혜를 일마다, 때마다 경험하며 살아왔습니다. 특히, 그가 영적 침체에 깊이 빠졌을 때는 하나님의 넘치는 사랑과 은혜를 더욱 풍성하게 경험할 수 있었습니다. 다윗은 우리아의 아내 밧세바와 동침하는 범죄로 인하여 그 영혼이 거의 실족하여 죽게 된 때도 있었습니다.

  그때 선한 목자이신 하나님께서는 다윗을 찾아오셔서 그의 영혼을 소생시켜 주셨습니다. 하나님께서는 다윗이 자신의 죄를 철저히 회개케 하셨고, 또 회개하는 그에게 풍성한 은혜와 자비와 긍휼을 베풀어 주셨습니다.

  또한, 다윗이 극도의 위기에 처하여 영혼의 깊은 절망과 침체 속에 깊이 빠져 있을 때도 선한 목자이신 하나님께서는 그를 찾아오셔서 따스한 사랑의 손길로 어루만져 주셨습니다. 그리하여 다윗과 하나님과의 관계는 다시 새로워졌고, 그는 하나님이 자신의 선한 목자이심을 온 마음과 온 삶으로 받아들였습니다.

  선한 목자이신 하나님께서는 다윗이 영적 침체에 깊이 빠져 있을 때마다 찾아오셔서 은혜의 손으로 그를 붙잡아 일으켜 세워 주셨습니다. 이렇게 다윗은 영적 침체 속에 깊이 빠져있을 때마다 선한 목자이신 여호와 하나님의 은혜와 돌보심과 보호하심을 깊이 체험했습니다. 그래서 그는 "나의 목자이신 여호와께서 내 영혼을 소생시키셨습니다!"라고 감격에 넘쳐 고백했습니다.

이 시간 가장 귀한 독생자까지 아낌없이 주신 선한 목자이신 여호와 하나님을 바라보십시오. 선한 목자이신 여호와 하나님은 영적 침체에 깊이 빠져 낙망하고 있는 우리의 영혼을 소생시키시는 유일한 분이십니다. 그분은 깊은 이해심과 따뜻한 동정의 마음을 품으시고 은혜와 자비의 손길을 내미셔서 우리를 붙들어 일으켜 세워 주십니다.

그러기에 하나님을 목자로 모시고 그분의 양으로 사는 우리의 삶에는 절망이란 없습니다. 어떤 상황 속에서도 우리의 선한 목자이신 하나님을 바라보십시오. 그분만을 의뢰하십시오. 그분께 우리의 모든 문제를 다 맡기십시오. 그리고 그분께 애타게 기도하십시오. 그때 선한 목자이신 하나님께서는 우리의 삶 속에 역사하셔서 여러분이 처한 힘든 상황을 변화시킬 것입니다.

무엇보다 우리 자신을 변화시키셔서 어떤 상황 속에서도 하박국 선지자처럼 기뻐하고 즐거워하며 우리의 근원이시요 힘이신 그 하나님만을 노래하며 찬양토록 하실 것입니다.

나는 여호와로 말미암아 즐거워하며 나의 구원의 하나님
으로 말미암아 기뻐하리로다 주 여호와는 나의 힘이시라
나의 발을 사슴과 같게 하사 나를 나의 높은 곳으로 다니게
하시리로다… [합 3:18-19상]

III. 의의 길로 인도하시는 하나님

양에게는 맹목적으로 고집을 피우는 습관이 하나 있습니다. 그것은 한 곳으로만 다니고 한곳에 머문다는 것입니다. 양들은 그냥 내버려두면 큰 고랑이 패일 때까지 계속해서 같은 길로만 다닙니다. 풀을 뜯어 먹을 때에도 밑동과 뿌리가 상할 때까지 같은 곳에서만 뜯어 먹습니다. 같은 곳만 지나치게 짓밟아서 목초지를 망가뜨려 놓습니다. 질병과 온갖 종류의 기생충으로 들끓게 될 때까지 오물로 온통 풀밭을 더럽혀 놓습니다.

그러기에 만약 목자가 양들을 풀밭에 풀어놓기만 하고 제대로 돌보지 않는다면 양들은 병에 걸려 야위어지고 쇠약해집니다. 그 좋은 목초지도 완전히 황폐해져서 불모의 땅으로 변하고 맙니다. 따라서, 지혜로운 목자는 양들의 이런 나쁜 습관을 잘 알기에 양들이 같은 장소에 너무 오래 머물지 못하도록 주기적

으로 이 풀밭에서 저 풀밭으로 양들을 이동하면서 풀을 뜯어 먹게 합니다.

목자는 자기 양 떼를 건강하게 양육하며, 또 양 떼에게 계속해서 풍성한 꼴을 먹일 수 있도록 비옥한 목초지를 만들기 위해 애를 씁니다. 그래서 미리 신중하게 구체적으로 계획을 세우고 양 떼를 인도하는 것입니다. 이렇게 목자가 엄밀한 목초지 관리 계획을 세우고, 그 계획을 따라 실행할 때 양 떼를 건강하게 키울 수 있습니다. 그리고 좋은 목초지도 유지할 수 있습니다.

1. 자기 이름을 위하여

하나님께서는 우리의 연약한 모습을 잘 아시고 우리를 하나님이 계획하신 기름지고 풍성한 꼴이 넘치는 새로운 초원으로 가는 길인 '의의 길'로 인도하기를 간절히 원하십니다. 그래서 먼저 우리의 영혼을 소생시키시고, 영적 침체 속에서 건져 주십니다.

이것이 하나님께서 영적 침체 속에 깊이 빠진 우리의 영혼을 소생시켜 주시는 궁극적인 목적입니다. 영적으로 회복된 우리가 우리의 뜻대로 자기 길을 걷지 않고 하나님의 뜻을 따라 '의의 길'을 걸어가도록 하기 위해서입니다. 따라서, 우리가 영적 침체 속에 빠져 있을 때 거기서 벗어나 우리 영혼이 소생되기를 간절히 사모하는 궁극적인 목적도 바로 '의의 길'을 걸어가는 것이어야 합니다.

단순히 우리 자신의 고통이나 곤고한 삶에서부터 벗어나서 평안한 삶을 살기 위한 것이어서는 안 됩니다. 그것은 부차적입니다. 우리 영혼이 소생되어 하나님의 뜻을 따라 '의의 길'을 따라 걷기 위한 것이어야 합니다. 그래서 다윗은 고백합니다.

> … 자기 이름을 위하여 의의 길로 인도하시는도다 [시 23:3]

다윗은 여기서 시편 23편의 핵심을 명확하게 밝히고 있습니다. 목자이신 하나님께서 양인 우리를 인도하시는 궁극적인 목적은 '우리의 이름을 위해서'가 아닙니다. 우리의 소원을 위해서가 아닙니다. 우리의 행복을 위해서도 아닙니다. '자기 이름을 위하여', '자기의 영광을 위하여' 양인 우리를 인도하십니다. 하나님의 최대 관심은 우리의 행복이 아니라 하나님 자신의 영광입니다. 하나님께서 우리의 영혼을 소생시키셔서 의의 길로 인도하시는 것도 바로 이 목적 때문입니다.

하나님께서는 그분의 이름을 위하여 우리 영혼을 소생시키십니다. 그분의 영광을 위하여 우리를 의의 길로 인도하십니다. 시편 23편 3절을 히브리어 원문의 순서에 충실하게 번역하면 이렇게 말할 수 있습니다.

> 나의 영혼을 그가 소생시키신다 그가 나를 의의 길들로 인도하신다 그의 이름을 위하여 [시 23:3 (히브리어 원문)]

하나님께서 왜 우리의 영혼을 소생시키십니까?
'자기 이름을 위해서'.
왜 우리를 의의 길로 인도하십니까?
'자기 이름을 위해서'.
이것이 시편 23편 전체를 관통하고 있는 일관된 메시지입니다.

2. 의의 길로 인도하심

성경에서 '의'(義)를 말할 때 우선적인 개념은 '하나님과 바른 관계'입니다. 따라서, 성경이 말씀하는 '의인' 역시 '하나님과 바른 관계 속에서 사는 사람'입니다. 물론, 의인은 거룩하신 하나님을 닮아 도덕적으로 의롭고 거룩하고 경건한 삶을 삽니다. 그렇지만 그것이 성경이 말씀하는 의인의 본질적인 모습은 아닙니다. 그런 모습은 우리가 거룩하신 하나님과 바른 관계 속에서 살 때 우리 삶 속에서 자연스럽게 나타나는 결과입니다.

선한 목자이신 하나님께서 양인 우리를 인도하시는 '의의 길'은 '우리가 하나님과 바른 관계 속에서 살면서 하나님께서 원래 의도하시고 계획하신 주님의 생명을 풍성하게 누리는 삶'을 가리킵니다.

> … 내가 온 것은 양으로 생명을 얻게 하고 더 풍성히 얻게 하려는 것이라 [요 10:10]

우리 인간은 범죄하여 각기 제 길로 갔고, 각자가 자기 인생의 주인이 되어 고집스럽게 자기중심적으로 행함으로 인해 하나님과의 관계와 인간관계에 있어서 단절의 아픔을 겪게 되었습니다. 그 결과 우리의 심령과 삶은 심히 피폐해졌고 황폐해졌습니다. 하나님께서는 이런 우리를 치유하시고 변화시키셔서 하나님이 원래 계획하신 '의의 길'로 인도하기를 간절히 원하십니다.

하나님과 바른 관계를 맺고, 이웃과도 바른 관계를 맺으면서 주님의 생명을 풍성하게 누리며 살기를 간절히 원하시는 것입니다. 그래서 하나님께서는 가장 사랑하는 독생자 예수님을 이 땅에 보내셨고, 십자가에 못 박아 심판하신 것입니다. 주님께서는 죄인인 우리를 대신하여 하나님의 법정에 서셨습니다. 그곳에서 주님께서는 모든 죄인을 감싸안으시고 의로우신 재판장이신 하나님께 간청하셨습니다.

하나님께서 예비하신 풍성한 삶을 누릴 수 있는 푸른 초원으로 가는 '의의 길'은 빠르고 쉽게 갈 수 있는 넓고 평탄한 길이 아닙니다. 지름길이 아니라 멀리 돌아서 가는 길입니다. 좁은 길이고 가파른 길이며 험한 광야의 길이기에 걸어가기가 심히 힘든 고난의 길입니다. 따라서, 우리가 그 길로 가려면 반드시 자기를 부인하고 타락한 자아를 내려놓아야 합니다. 하나님의 뜻을 이루기 위해서 날마다 자기 십자가를 져야 합니다.

> 또 무리에게 이르시되 아무든지 나를 따라오려거든 자기를 부인하고 날마다 제 십자가를 지고 나를 따를 것이니라[눅9:23]

'의의 길'은 언덕 꼭대기까지 가파른 길이 이어집니다. 그 길을 따라 가파른 언덕 꼭대기까지 올라가야 비로소 넓디 넓은 푸른 초원이 펼쳐져 있는 것을 발견하게 됩니다. 선한 목자이신 하나님께서는 좁고 가파르고 험한 '의의 길'을 통해서만 양인 우리를 푸른 초원으로 인도하십니다. 그런데 우리 역시 양들처럼 힘들고 험한 '의의 길'로 가지 않으려고 합니다. "여기가 좋사오니"라고 하며 지금 있는 곳에 계속 머물러 있으려고 합니다.

서두에 말씀드렸던 것처럼 양은 안전하고 편하게 느껴지는 쉽고 익숙한 길만을 고집하는 경향이 있습니다. 이런 양들의 습성 때문에 양들은 그냥 내버려두면 목초지의 풀은 남아나지 않습니다. 양들은 풀뿌리가 없어질 때까지 뜯어 먹고 서로 싸우면서 목초지를 황폐하게 만듭니다. 그러기에 양들을 사랑하는 선한 목자는 양들이 비록 싫어하고 힘들어해도 새로운 길로 다니도록 하고 새로운 풀밭으로 인도합니다.

선한 목자이신 하나님께서 우리를 '의의 길'로 인도하실 때도 역시 그러합니다. 우리가 싫어하고 힘들어해도 좁고 가파르고 험하고 멀리 둘러 가는 '의의 길'로 인도하십니다. 왜냐하면, '의의 길'은 나 자신을 유익하게 하고, 다른 사람들과 공동체를 유익하게 하며, 궁극적으로는 하나님을 유익하게 하는 길이기 때문입니다.

양들처럼 우리 역시 평소에 익숙하게 걸어가던 길을 매일 걷고자 합니다. 우리가 머물던 편안한 곳에 안주하려는 경향이 강합니다. 선한 목자이신 하나님께서 인도하시는 '의의 길'을 따라 보이지 않는 믿음의 길을 걸어가려고 하지 않습니다. 우리가 보기에 안전하게 여겨지고 쉽게 맘 놓고 걸어갈 수 있는 눈에 보이는 길을 걸어가려고 합니다.

그런데 하나님께서 인도하시는 '의의 길'은 오직 믿음의 눈으로 바라볼 때만 앞을 볼 수 있는 길입니다. 사람들의 눈에는 앞이 잘 보이지 않는 길입니다. 그래서 그 길을 걷는 사람들은 불안과 두려움과 염려 속에서 힘들어하고 어려움을 느끼기에 그 길을 걷는 것을 주저하게 됩니다.

따라서, 우리가 선한 목자이신 하나님께서 인도하시는 '의의 길'을 걷기 위해서는 무엇보다 목자이신 하나님의 선하심과 신실하심을 굳게 신뢰하며 확신해야 합니다. 오직 하나님만을 우리의 힘과 도움과 방패와 피난처로 삼아야 합니다. 그 길의 이름이 바로 '의의 길'입니다. 때때로 우리는 하나님께 인도하시는 길이 '의의 길'이 아닌 것처럼 느껴질 때가 있습니다.

그렇게 의심이 일어날 때마다 우리에게 정말 필요한 것은 "왜 하필 하나님께서는 나를 이렇게 인도하시는가"라고 고민하며 힘들어하는 것이 아닙니다. 나를 인도하시는 하나님이 선한 목자이심을 흔들리지 않는 믿음으로 확신하는 것입니다. 그때 우리는 하나님의 인도하심을 거스르지 않고 순종하면서 따르게 될 것입니다.

결국, 우리는 하나님께서 인도하시는 길이 '의의 길'인 것을 온몸으로 느끼며 체험하여 다윗처럼 감격에 넘쳐 하나님을 찬양하게 될 것입니다.

"주님께서 우리를 자기 이름을 위하여 의의 길로 인도하십니다!"

제3강

보호하시는 하나님

제3강
보호하시는 하나님

내가 사망의 음침한 골짜기로 다닐지라도 해를
두려워하지 않을 것은 주께서 나와 함께 하심이라 [시 23:4]

　우리가 인생을 살다 보면 이와 비슷한 사망의 음침한 골짜기를 걸어가야 하는 경우가 있습니다. 본문 4절에 나오는 "사망의 음침한 골짜기"는 자칫 발을 헛디디면 천 길 낭떠러지 아래로 떨어져서 목숨을 잃을 수밖에 없는 위험이 도사리고 있는 좁고 거칠고 위태로운 험한 골짜기를 가리킵니다.

　다윗이 양을 치며 살았던 팔레스타인의 요단 계곡 지대는 이런 아주 좁고 험한 협곡(峽谷)이 많이 있었습니다. "사망의 음침한 골짜기"에 해당하는 히브리어 단어(찰르마웨트 뻬게)는 '깊은 어두움의 골짜기'(the valley of deep dakness) 혹은 '죽음의 그늘이 깃든 골짜기'(the valley of shadow of death)라는 의미입니다.

결국, "사망의 음침한 골짜기"는 '생명의 위기를 느끼는 것과 같은 극히 위험하고 어려운 위기의 상황, 거의 죽게 될 지경에 처한 극심한 고통의 상황'을 가리킵니다.

I. 고난당하는 인생

다윗은 일평생 동안 여호와 하나님을 자신의 선한 목자로 삼고 살았지만, 그의 삶이 평온하고 평탄했던 것만은 아니었습니다. 선한 목자이신 하나님께서 자신을 버린 것과 같은 절망적인 상황 속에 처해 있을 때 많이 있었습니다. 사망의 음침한 골짜기를 지나면서 갈 길을 잃어버리고 어찌할 바를 모르며 유리방황(流離彷徨)할 때가 여러 번 있었습니다.

> 내 하나님이여 내 하나님이여 어찌 나를 버리셨나이까 어찌 나를 멀리하여 돕지 아니하시오며 내 신음 소리를 듣지 아니하시나이까 내 하나님이여 내가 낮에도 부르짖고 밤에도 잠잠하지 아니하오나 응답하지 아니하시나이다 [시 22:1-2,6]

여호와여 어찌하여 멀리 서시며 어찌하여 환난 때에 숨으시나이까 [시 10:1]

내가 모든 대적 때문에 욕을 당하고 내 이웃에게서는 심히 당하니 내 친구가 놀라고 길에서 보는 자가 나를 피하였나이다 내가 잊어버린 바 됨이 죽은 자를 마음에 두지 아니함 같고 깨진 그릇과 같으니이다 [시 31:11-12]

주는 나의 힘이 되신 하나님이시거늘 어찌하여 나를 버리셨나이까 내가 어찌하여 원수의 억압으로 말미암아 슬프게 다니나이까 [시 43:2]

1. 음침한 골짜기에서

다윗은 인생을 사는 동안 이런 사망의 음침한 골짜기를 여러 번 지나갔지만, 해를 두려워하지 않는다고 확신에 차서 담대하게 고백하고 있습니다. 그것은 선한 목자이신 주님께서 자신과 함께하신다는 사실을 굳게 확신하고 있었기 때문입니다.

내가 사망의 음침한 골짜기로 다닐지라도 해를 두려워하

지 않을 것은 주께서 나와 함께 하심이라… [시 23:4]

　여기서 "다닐지라도"라는 단어(깜…엘레크)는 '어떤 길을 걸어갈지라도', '어디까지 가더라도'라는 의미입니다. 따라서, "사망의 음침한 골짜기로 다닐지라도"는 '사망의 음침한 골짜기 길을 걸어갈지라도', '사망의 음침한 골짜기까지 가더라도'라는 의미입니다.
　지난날 다윗이 "사망의 음침한 골짜기"와 같은 극심한 고난과 고통의 길을 걸어갈 때 하나님께서는 그와 함께하시면서 인도하시고 보호하시고 도와주셨습니다. 이런 살아 있는 생생한 체험을 바탕으로 하여 다윗은 지금 현재와 또 앞으로 다가올 미래에도 비록 극심한 고난의 골짜기를 지나갈지라도 두려움 없이 지나갈 수 있음을 확신에 차서 고백하고 있습니다.
　이처럼 다윗은 사망의 음침한 골짜기를 지나가면서 공포와 두려움이 찾아올 때마다 늘 함께하시는 하나님을 전적으로 의지했습니다. 그래서 시편 56편 3절에서 이렇게 담대하게 고백합니다.

　내가 두려워하는 날에는 내가 주를 의지하리이다 [시 56:3]

2. 목자의 이끌림을 받아

팔레스타인의 목자들은 여름철이 되면 자기 양 떼를 몰고 먼 곳에 있는 높은 산 위의 초원으로 올라갑니다. 그것은 봄철 내내 양 떼를 방목하여 먹인 목초지에 더 이상 먹일 풀이 남아있지 않기 때문입니다. 높은 산 위의 초원에는 자기 양 떼가 여름 한 철 동안 배부르게 먹을 수 있는 푸른 풀로 가득 차 있습니다.

목자는 그렇게 먹일 풀이 넉넉한 산허리로 양 떼를 이끌러 갑니다. 며칠이 걸릴 수도 있고 때로는 몇 주가 걸릴 수도 있습니다. 양 떼는 거기서 가을까지 잘 보낸 다음, 풀이 다 말라 버리고 날씨가 견디기 힘들만큼 쌀쌀해지면 낮은 지대로 내려와 다른 곳으로 떠나게 됩니다.

하나님께서는 때때로 우리를 사망의 음침한 골짜기로 인도하시는 것입니다. 우리는 그 길을 걸으면서 우리의 존재와 삶의 가장 중요한 부분인 하나님과의 관계를 진지하게 살펴보게 됩니다. 그리고 하나님과 올바른 관계를 맺게 됩니다. 양이 푸른 초원과 쉴 만한 물가에 있을 때는 목자가 얼마나 중요한 존재인가를 깨닫지 못합니다. 목자 없이도 얼마든지 풀을 뜯어 먹을 수 있고, 얼마든지 물을 마실 수 있는 것처럼 생각합니다.

그러다가 사망의 음침한 골짜기로 지나갈 때야 비로소 자신의 생존과 삶을 위해 목자의 인도가 얼마나 절실한지를 깊이 체험하게 됩니다. 양들은 사망의 음침한 골짜기에서 목자를 간절히 찾게 되고 온전히 의지하게 됩니다. 그리하여 목자와 올바른 관계를 맺게 됩니다. 2절과 4절을 한번 비교해 보십시오.

> 그가(He) 나를 푸른 풀밭에 누이시며 (히: 그가,he) (나를) 쉴 만한 물가로 인도하시는도다 [시 23:2]

> 내가 사망의 음침한 골짜기로 다닐지라도 해를 두려워하지 않을 것은 (키: 왜냐하면, for) 주께서 (앗타: 당신께서, you) 나와 함께 하심이라(You are with me) 주의 지팡이 (쉬브데카: 당신의 지팡이, your rod)와 막대기 (우미쉬아느테카: 당신의 막대기, your staff)가 나를 안위하시나이다 [시 23:4]

다윗은 하나님께서 자신을 푸른 초원에 누이시고 쉴만한 물가로 인도하실 때는 하나님을 가리켜서 "그"(He)라고 고백했습니다. 이 고백은 하나님과 다윗과의 사이에 거리와 간격이 존재하고 있음을 보여줍니다.

그러나 사망의 음침한 골짜기를 지날 때는 하나님을 그분이 아니라 "당신"(앗타, You)이라고 고백합니다. 이제는 하나님께서 다윗과 함께하시는 "당신"이 되어 하나님과 다윗 사이에 어떠한 거리와 간격도 존재하지 않음을 보여 줍니다. 이렇게 다윗은 사망의 음침한 골짜기를 지나면서 하나님께서 함께하시는 놀라운 은혜를 깊이 체험했습니다.

II. 함께 하시는 하나님

1. 임마누엘 하나님

"주님께서", "나와", "함께", "계시다"라는 이 네 단어가 바로 "임마누엘", 선한 목자이신 예수 그리스도의 이름입니다(마 1:23).

> 보라 처녀가 잉태하여 아들을 낳을 것이요 그의 이름을 임마누엘이라 하리라 하셨으니 이를 번역한즉 하나님이 우리와 함께 계시다 함이라 [마1:23]

우리 대다수는 평안할 때는 하나님을 간절히 찾지 않습니다. 하나님을 온전히 의뢰하지 못합니다. 하나님 없이도 얼마든지 인생길을 잘 걸어갈 수 있는 것처럼 생각합니다. 하나님을 의뢰하지 않고도 얼마든지 혼자서 잘 살 수 있는 것처럼 생각합니다. 그래서 하나님과 우리 사이에 거리와 간격이 존재하는 것을 우리 자신도 느낍니다. 그러다가 사망의 음침한 골짜기와 같은 극히 위험하고 힘들고 어려운 위기의 상황이 찾아오면 그때에야 비로소 하나님이 얼마나 내게 절실한 분인가를 알게 됩니다.

하나님의 인도하심과 돌보심과 보호하심이 없이는 한 순간도 도저히 살 수 없는 비천하고 무력한 존재인 것을 깊이 깨닫게 됩니다. 그래서 하나님을 간절히 찾게 되고, 그분께 나아가 내 죄를 철저히 회개합니다.

그때 멀어졌던 하나님과의 관계가 가까와지고 올바른 관계를 갖게 됩니다. 내가 누구이고, 우리가 믿는 하나님이 누구시며, 그분과의 관계가 얼마나 소중한지를 깊이 체험하게 됩니다. 이제는 하나님이 없이는 살 수 없는 존재임을 깊이 깨닫고 오직 하나님만을 온전히 의뢰하고 그분께 모든 것을 의탁하며 살게 됩니다.

하나님과의 관계가 얼마나 소중한지를 깨닫고 그분과 친밀히 교제하며 동행하는 삶을 살게 됩니다. 그때 하나님께서는 나와 함께 하시는 '앗타'(당신)가 되어 하나님과 나 사이에 아무런 거리와 간격이 존재하지 않게 됨을 우리 자신도 느끼게 됩니다.

2. 목자이신 하나님

우리 인간은 누구나 다 약하고 연약한 존재입니다. 평안하고 어려움이 없을 때는 강한 믿음 속에서 살다가도 환난과 고난의 바람이 휘몰아쳐 오고 시련과 역경의 거센 물결이 덮쳐오면 질그릇처럼 나약해지는 것이 바로 연약한 우리의 모습입니다. 그러나 그때도 우리가 결단코 놓치지 말고 굳게 붙잡아야 할 두 가지 중요한 진리가 있습니다.

첫째, 선한 목자이신 하나님께서 우리를 사망의 음침한 골짜기로 인도하시는 데는 분명한 목적이 있다는 것입니다.

그 목적은 사망의 음침한 골짜기를 지나면서 우리가 하나님 없이는 살 수 없는 존재임을 깊이 깨닫고 하나님과 올바른 관계를 맺는 것입니다. 그리고 그 후에 하나님께서 예비해 놓으신 풍성한 삶을 누리며 사는 것입니다. 그러기에 우리는 사망의 음침한 골짜기를 지나갈 때 반드시 하나님과 올바르고 친밀한 관계를 회복해야 합니다.

그리고 조만간 하나님께서 예비해 놓으신 축복의 초원이 눈 앞에 펼쳐진다는 사실을 확신하며 사망의 음침한 골짜기를 소망 가운데서 담대하게 걸어가야 합니다. 우리가 사망의 음침한 골짜기를 걸어갈 때 놓치지 말고 굳게 붙잡아야 할 또 하나의 진리가 있습니다.

둘째, 선한 목자이신 하나님께서 사망의 음침한 골짜기 가운데서 나와 함께 하신다는 것입니다.

> 내가 사망의 음침한 골짜기로 다닐지라도 해를 두려워하지 않을 것은 주께서 나와 함께 하심이라… [시 23:4]

우리는 사망의 음침한 골짜기를 걸어가면서 선한 목자이신 하나님이 나와 함께 하신다는 사실을 신뢰하지 못하고 놓치기가 너무나 쉽습니다. 하나님은 내게 관심도 없으시고, 내 기도를 듣지 않으시며, 심지어 나를 버리신 것과 같은 생각이 들 때가 있습니다.

그래서 선한 목자이신 하나님을 바라보지 못하고 비참하고 가련한 내 모습만을 바라봅니다. 내 힘으로는 도저히 벗어날 수 없는 사망의 음침한 골짜기만을 바라봅니다. 그 결과 깊은 외로움과 절망감과 슬픔과 두려움 속에 깊이 빠져 한숨짓고 눈물 흘리며 괴로워하게 됩니다.

그러나 그때에도 우리가 그렇게 느끼는 것은 우리의 인간적인 생각이고, 우리를 공격하는 거짓의 아비인 마귀의 사악한 속삭임임을 분명히 기억해야 합니다. 선한 목자이신 주님께서는 단

한 번도 나를 버리신 적이 없으셨고, 단 한 순간 나를 떠나신 적이 없으셨습니다. 우리는 이 사실을 결단코 잊어서는 안 됩니다.

> 그가 친히 말씀하시기를 내가 결코 너희를 버리지 아니하고 너희를 떠나지 아니하리라 하셨느니라 [히 13:5]

우리는 얼마나 자주 하나님을 잊어버리고 하나님 없이 살아갑니까? 그런데도 하나님께서는 단 한 순간도 나를 잊으신 적이 없으셨습니다. 단 한 번도 나를 홀로 버려두신 적이 없으셨습니다.

> 여인이 어찌 그 젖 먹는 자식을 잊겠으며 자기 태에서 난 아들을 긍휼히 여기지 않겠느냐 그들은 혹시 잊을지라도 나는 너를 잊지 아니할 것이라 내가 너를 내 손바닥에 새겼고 너의 성벽이 항상 내 앞에 있나니 [사49: 15-16]

이제까지 우리의 연약함으로 인해 넘어지고 쓰러질 때가 많았지만, 우리가 완전히 엎드러지지 않고 이렇게 여전히 주님을 믿고 살 수 있는 것은 선한 목자이신 하나님께서 그분의 인자하신 손으로 우리를 굳게 붙들어 주셨기 때문입니다.

여호와여 나의 발이 미끄러진다고 말할 때에 주의 인자하심이 나를 붙드셨사오며 [시 94:18]

그는 넘어지나 아주 엎드러지지 아니함은 여호와께서 그의 손으로 붙드심이로다 [시 37:24]

III. 안위(安慰)케 하시는 하나님

1. 주의 지팡이로

내가 사망의 음침한 골짜기로 다닐지라도 해를 두려워하지 않을 것은 주께서 나와 함께 하심이라 [시 23:4]

우리가 사망의 음침한 골짜기와 같은 극심한 고난의 골짜기를 지나갈 때 가장 필요한 것은 선한 목자이신 하나님께서 나와 함께 하시는 것입니다. 그렇다면 하나님께서는 어떻게 나와 함께하시는 것을 분명히 보여 주십니까?

… 주께서 나와 함께 하심이라 주의(히: 당신의) 지팡이와(히:

당신의) 막대기가 나를 안위(安慰, NIV:comfort) 하시나이다
[시 23:4]

이렇게 하나님께서는 그분의 지팡이와 그분의 막대기로 우리를 안위해 주시는 것을 통해 우리와 함께 하시는 것을 분명히 보여 주십니다.

다윗은 이전에 양을 치던 때의 상황을 떠올리고 있습니다. 당시 중동에서 목자들이 양을 칠 때 그들 곁에는 언제나 두 가지 도구가 있었습니다. 그것은 지팡이와 막대기입니다. 목자는 자기 양 떼를 처음 돌보기 시작할 때부터 자기 체격과 힘에 맞는 지팡이와 막대기를 준비하기 위해 노력을 많이 기울입니다.

지팡이는 길이가 약 170cm가 넘는 긴 것으로 한 쪽이 갈고리 모양으로 구부러져 있습니다. 목자들은 가벼우면서도 단단한 지팡이를 만들기 위해 숲속으로 들어가 가장 적당하다고 생각되는 나무를 베어서 내려옵니다. 그리고 깎고 다듬고 끝을 구부리고, 또 다듬고 해서 자기 손에 꼭 들어맞는 지팡이를 만듭니다. 이 지팡이는 목자가 자기 양 떼를 인도할 때 아주 유용하게 사용됩니다.

양은 기껏해야 9~12m밖에 보지 못하는 근시입니다. 또한 후각도 발달하지 못했기에 냄새를 맡아 자기가 가고자 하는 방

향을 찾지 못합니다. 그뿐만 아니라 양은 고집이 센 동물로 자기 마음대로 행하기를 좋아합니다. 그래서 종종 대열을 이탈하여 엉뚱한 곳으로 가곤 합니다. 푸른 풀을 한 입 더 뜯어 먹을 욕심에 가파른 벼랑 위로 올라갔다가 실족하기도 합니다.

자기 몸이 가시덤불 속에 갇혀 꼼짝달싹할 수 없게 되는 것도 모르고 가시덤불 속으로 고개를 들이밀고 자꾸 그 속으로 파고 들어갑니다. 그때 목자는 자신의 기다란 지팡이를 뻗어 구부러진 부분을 양의 목에 걸고 잡아당깁니다. 그래서 양들이 원래의 대열로 돌아오도록 합니다.

또한, 목자는 양을 어느 방향으로 인도할 때 지팡이를 양의 옆구리에 가만히 대고 그쪽으로 힘을 가합니다. 그러나 양은 나아갈 길을 알고 방향을 바꾸어 그 길로 가게 됩니다. 이처럼 목자의 지팡이는 양 떼를 올바르게 인도하기 위해 반드시 있어야 하는 필수 도구입니다. 특별히 양 떼가 큰 위험에 직면할 때는 지팡이가 참으로 중요합니다.

양 떼가 큰 위험에 직면할 때는 음침한 골짜기 길을 통해 산꼭대기에 있는 초원으로 올라갈 때와 또 초원에서 내려올 때입니다. 그때 양은 어느 때보다 길을 잃기가 더 쉽습니다. 그 골짜기는 햇빛이 잘 비춰지 않기에 대낮에도 어두컴컴한 그림자가 길게 드리워져 있습니다. 그래서 양들이 음침한 골짜기 길을 걸을 때 넘어지거나 뒤집어지거나 대열에서 이탈하여 낭떠러지로 굴러떨어지는 사고를 당하는 경우가 생깁니다.

그때 목자는 즉시 지팡이를 사용하여 양을 잡아 일으키거나 구덩이에서 건져 올립니다. 이렇게 양들은 음침한 골짜기를 지나갈수록 더욱 목자의 인도가 필요합니다. 목자는 양 떼 곁에 바짝 붙어서 지팡이를 가지고 그들을 인도합니다. 그러면 양들은 두려움에서 벗어나 담대함과 평안함으로 사망의 음침한 골짜기를 안전하게 지나갈 수 있습니다.

우리도 마찬가지입니다. 우리가 말할 수 없는 인생의 위기에 처해 사망의 음침한 골짜기를 지나가다 보면 분별력과 판단력이 흐려지기에 그릇된 길로 가기가 쉽습니다. 따라서, 우리가 사망의 음침한 골짜기를 지나갈 때는 그 어느 때보다 하나님을 의지하면서 하나님의 인도하심과 돌보심을 받는 게 더욱 필요합니다.

다윗은 달랐습니다. 그는 인생을 살면서 사망의 음침한 골짜기를 많이 통과했지만, 그때마다 하나님께서 함께하시는 것을 깊이 경험했기에 낙망과 절망을 떨쳐 버리고 이렇게 담대하게 고백할 수 있었습니다.

여호와는 나의 빛이요 나의 구원이시니 내가 누구를 두려

> 워하리요 여호와는 내 생명의 능력이시니 내가 누구를 무서워하리요… 여호와께서 환난 날에 나를 그의 초막 속에 비밀히 지키시고 그의 장막 은밀한 곳에 나를 숨기시며 높은 바위 위에 두시리로다 [시 27:1, 5]

이렇게 하나님께서는 사망의 음침한 골짜기 한복판에서 다윗과 함께하시면서 그의 빛이 되어 주시고 구원이 되어 주시고 생명의 능력이 되어 주셨습니다. 다윗을 지켜 주시고 숨겨 주시고 보호해 주셨습니다. 그러기에 다윗은 지나온 자신의 인생길을 돌이켜 보면서 감격에 넘쳐 고백합니다.

> … 주의 지팡이와 막대기가 나를 안위(安慰, comfort)하시나이다 [시 23:4]

국어사전에서는 '안위(安慰)하다'를 이렇게 설명합니다. "몸을 편하게 하고 마음을 위로하다." 원래 '안위(安慰)하다'라는 히브리어 단어(예나하무니)는 '위로하다', '동정하다', '안심시키다'라는 뜻입니다. 따라서, '안위하다'라는 말은 '양들이 사망의 음침한 골짜기를 지나가면서 겪게 되는 여러 가지 위험과 맹수들의 공격으로부터 양들을 안전하게 지켜 주는 것'을 의미합니다.

그리고 이 단어의 시제는 '반복'과 '계속'을 나타내는 '미완료형'입니다. 즉, 하나님의 보호하시고 위로하시고 안위하시는 역사(役事)가 끊임없이 계속되고 반복될 것을 의미합니다. 그래서 우리는 죽는 순간까지 우리를 보호해 주시고 안위해 주시는 하나님의 선한 역사(役事)를 깊이 경험하게 될 것입니다.

우리가 사망의 음침한 골짜기를 지나가게 되면 심한 고통을 당하면서 깊은 외로움과 두려움과 절망감을 느끼며 갈 바를 알지 못할 때가 많이 있습니다. 그때 우리에게 반드시 필요한 것이 있습니다. 그것은 하나님께서 우리와 함께하시는 '임마누엘의 은혜'를 깊이 경험하는 것입니다. 우리가 '임마누엘의 은혜'를 깊이 경험하게 되면 우리의 존재와 삶의 가장 중요한 부분이 하나님과의 관계이고, 하나님 없이는 결코 살 수 없는 존재임을 깊이 깨닫게 됩니다.

그래서 하나님과 올바른 관계를 맺게 됩니다. 하나님과 올바른 관계를 맺게 되니까 갈 바를 알게 되고 하나님을 전적으로 의지하게 됩니다. 따라서, 우리가 사망의 음침한 골짜기를 지나갈 때는 반드시 '임마누엘의 은혜'를 경험하고 하나님의 인도하심을 받을 수 있어야 합니다.

그렇다면 우리는 어떻게 사망의 음침한 골짜기에서 '임마누엘의 은혜'를 경험하고, 하나님의 인도하심을 받을 수 있습니까?

하나님께서 우리를 인도하실 때는 다양한 방법을 사용하셔서 인도하십니다. 꿈이나 환상을 통해 우리를 인도하십니다. 환경을 닫으시거나 여시는 것을 통해 우리를 인도하기도 하십니다 (행 16:6-10, 고전 16:9, 고후 2:12). 성숙한 믿음의 사람들의 조언과 충고를 통해서도 우리를 인도하십니다. 때로는 우리 마음에 간절한 소원을 주셔서 인도하시는 때도 있습니다.

> 주의 말씀은 내 발의 등이요 내 길에 빛이니이다… 나의 고난이 매우 심하오니 여호와여 주의 말씀대로 나를 살아나게 하소서 [시 119:105, 107]

따라서, 우리가 사망의 음침한 골짜기 속에 빠져 있을 때 환경을 바라보고 허둥대면서 우리 힘으로 그 문제를 해결하려고 발버둥 쳐서는 안 됩니다. 만약 그렇게 한다면 우리 영혼과 마음과 삶이 그 문제에 치여 완전히 지치게 됩니다. 나중에는 빠져나올 수 없을 정도로 그 문제에 얽매이게 됩니다. 그때 우리가 해야 할 가장 우선적이고 중요한 일은 조용히 자신을 살피면서 하나님과의 관계를 점검하고 확인하는 것입니다. 하나님의 말씀을 깊이 묵상하는 가운데 하나님의 음성에 귀를 기울이는 것입니다.

그때 우리는 말씀을 통해서 우리를 인도하시는 하나님을 더욱 신뢰하게 되고, 그분과 더욱 친밀한 관계를 맺으며 살게 됩니다. 그 결과 하나님이 함께 하시면서 그분의 지팡이로 우리를 선하고 아름답게 인도하시는 것을 깊이 경험하게 됩니다. 왜냐하면, 하나님만이 사망의 음침한 골짜기에서 벗어나는 길을 알고 계시고, 또 그 길로 우리를 인도하시기 때문입니다. 그리하여 우리 마음속에는 하나님께서 주시는 참된 안위와 위로가 넘치게 됩니다.

2. 막대기로

목자가 지팡이 외에 반드시 가지고 다니는 또 하나의 도구는 막대기(몽둥이)입니다. 이 막대기는 길이가 약 45cm 정도로 목자가 허리춤에 차고 다니다가 비상시에 사용합니다. 막대기의 용도는 두 가지인데, 주된 용도는 '보호용'입니다. 양의 생명을 노리는 맹수들로부터 양의 생명과 안전을 지켜 주는 '보호의 몽둥이'입니다. 맹수들이 양들을 공격할 때 막대기를 내리치거나 던져서 맹수들을 쫓아낼 때 사용합니다.

또 다른 용도는 '징계용'입니다. 양들이 잘못할 때 막대기로 양들을 가볍게 치는 용도로 사용합니다. 그런데 양들을 징계하는 것 역시 양들을 보호하기 위한 것입니다. 잘못한 양들이 더 큰 실수나 위험에 빠지지 않도록 미리 예방하고 방지하기 위해 '징계의 몽둥이'로 사용하는 것입니다.

목자는 특별히 자기 양 떼를 맹수들의 위협으로부터 보호하기 위해 정성을 다해 막대기를 준비합니다. 목자는 막대기를 만들기 위해 숲속으로 들어가 아주 단단한 나무 하나를 골라서 뿌리까지 캐냅니다. 그리고 시간을 들여 아주 정성을 다하여 깎아내고 다듬습니다. 나무의 줄기와 뿌리가 맞닿아 있는 밑동의 뭉툭한 부분을 깎고 다듬으면 둥그스름한 머리 모양을 이루어 맹수들을 타격하는 부분이 됩니다.

그리고 손잡이 부분은 자유자재로 쓸 수 있도록 목자의 손에 꼭 맞게 다듬어집니다. 목자는 그 막대기를 가지고 오랜 시간에 걸쳐 먼 거리에 떨어진 목표물을 정확하게 맞히는 연습을 반복해서 계속합니다. 이렇게 해서 목자의 막대기는 양 떼를 지키는 놀라운 무기가 됩니다.

늑대, 들개, 승냥이, 표범 등의 맹수들은 고소한 양고기를 자기 먹이로 삼기 위해 끊임없이 양 떼를 노리고 있습니다. 그래서 목자가 조금만 틈을 보이고 방심하면 쏜살같이 양 떼에게 달려들어 양들을 찢어 자기의 밥으로 삼습니다. 따라서 목자의 가장 기본적이고 중요한 의무는 양 떼를 맹수들로부터 안전하게 지키는 것입니다. 목자가 자신의 책임과 임무를 제대로 감당하기 위해서는 자기 양 떼를 푸른 초원으로 인도하고, 쉴 만한 물가로 인도하는 것으로 끝나서는 안 됩니다.

목자는 자기 양 떼를 맹수들로부터 안전하게 지키기 위해 자신의 생명과 안전을 무릅쓰고 맹수들과 싸워야만 합니다. 따라서 목자는 반드시 용기와 담대함을 가진 용사가 되어야 합니다. 다윗은 목자의 이런 생생한 체험이 있었기에 골리앗과 싸우려 나가기 전에 사울 왕 앞에서 이렇게 고백할 수 있었습니다.

> 다윗이 사울에게 말하되 주의 종이 아버지의 양을 지킬 때에 사자나 곰이 와서 양 떼에서 새끼를 물어가면 내가 따라가서 그것을 치고 그 입에서 새끼를 건져 내었고 그것이 일어나 나를 해하고자 하면 내가 그 수염을 잡고 그것을 쳐죽였나이다 [삼상 17:34-35]

이 막대기는 맹수들로부터 양 떼를 지켜 주는 중요한 무기이기에 목자는 잠을 자면서도 바로 옆에 막대기를 놓고 잡니다. 잠결에 이상한 소리만 들려도 즉시 일어나서 그 막대기를 집어 듭니다. 그리고는 자기 양 떼를 해치려는 맹수를 향해 힘껏 막대기를 던져서 쫓아 버립니다. 이제까지 막대기를 가지고 쉴 새 없이 연습했기에 숙달된 목자는 그 막대기를 가지고 아주 먼 거리에서도 정확하게 목표물을 맞힐 수 있습니다.

그러므로 막대기의 위력은 어떠한 사나운 맹수도 전율을 느끼지 않을 수 없습니다. 목자의 막대기는 물매와 함께 양 떼가 위험에 처할 때 양 떼를 안전하게 지켜줄 수 있는 놀라운 무기입니다. 목자의 막대기는 양 떼가 어떠한 위기에 처해 있을지라도 그들을 지키고 보호하는 목자의 놀라운 힘과 능력과 권세를 나타내 보여 주는 상징입니다.

다윗이 사망의 음침한 골짜기를 통과할 때 수많은 대적은 다윗의 생명을 끊임없이 노렸습니다. 다윗은 극심한 두려움과 깊은 외로움과 절망 속에서 괴로워하고 고통당할 수밖에 없었습니다. 그러나 다윗은 자신을 억누르고 있던 그 모든 두려움과 외로움과 절망을 극복하고 이렇게 담대하게 고백합니다.

> 내가 사망에 음침한 골짜기로 다닐지라도 해를 두려워하지 않을 것은 주께서 나와 함께 하심이라 주의(당신의) 지팡이와(당신의) 막대기가 나를 안위하시나이다 [시 23:4]

그렇다면 어떻게 다윗은 이렇게 확신에 차서 담대하게 고백할 수 있었습니까? 선한 목자이신 하나님께서 함께 하시면서 그분의 막대기로 지켜 주시고 보호해 주셨기 때문입니다. 하나님의 놀라운 능력과 권세로 대적들을 물리쳐 주셨기 때문입니다.

우리가 사망의 음침한 골짜기를 지나갈 때는 그 어느 때보다 하나님의 특별하신 보호하심을 더욱 필요로 합니다. 우는 사자와 같이 두루 다니면서 삼킬 자를 찾고 있는 사탄의 세력들은 호시탐탐 우리를 노리고 있습니다. 그래서 우리가 사망의 음침한 골짜기에서 믿음이 흔들리고 방황할 때, 그때를 하나님과의 관계를 깨뜨릴 수 있는 절호의 기회로 삼고 우리 영혼을 노략질하기 위해 맹수와 같이 덮칩니다.

그때 선한 목자이신 하나님께서는 그분의 막대기로, 그분의 놀라운 능력과 권세로 사탄의 모든 사악한 역사를 파하시고 깨뜨리시고 물리치십니다.

그러므로 우리가 사망의 음침한 골짜기를 지나갈 때 반드시 깨달아야 할 중요한 진리가 있습니다. 그것은 우리의 진정한 안위와 위로는 오직 하나님의 인도하심과 보호하심 속에서만 얻을 수 있다는 진리입니다. 어떤 상황 속에서도 우리의 참된 위로와 소망은 그분의 말씀을 통해서 우리를 진리 가운데로 인도하시는 하나님 한 분밖에 없다는 진리입니다. 인생의 모든 위기 속에서 우리를 보호하시고 지키시는 분은 오직 능력과 권세로 충만하신 하나님 한 분밖에 없다는 진리입니다.

하나님께서는 우리가 이 진리를 깊이 깨닫고 하나님과 올바른 관계를 맺고 더 깊고 친밀한 관계 속에서 사망의 음침한 골짜기를 당신과 함께 걸어가기를 간절히 원하십니다. 다윗은 인생을 살면서 사망의 음침한 골짜기를 통과할 때마다 이 진리를 온 마음과 온몸과 온 삶으로 뼈저리게 체험했습니다. 그래서 사망의 음침한 골짜기를 통과하면서 그의 유일한 안위와 위로는 선한 목자이신 하나님 한 분뿐이었기에 그는 시편 27편에서 이렇게 간절히 기도합니다.

> 주의 얼굴을 내게서 숨기지 마시고 주의 종을 노하여 버리지 마소서 주는 나의 도움이 되셨나이다 나의 구원의 하나님이시여 나를 버리지 마시고 떠나지 마소서 내 부모는 나를 버렸으나 여호와는 나를 영접하시리이다 [시 27:9-10]

제4강

복 주시는 하나님

제4강
복 주시는 하나님

주께서 내 원수의 목전에서 내게 상을 차려주시고…
[시 23:5]

    시편 23편에서 목자가 양을 대하는 모습은 선한 목자이신 주님께서 우리를 대하시는 모습과 너무 유사합니다. 시편 23편 5절에서 선한 목자는 이미 산꼭대기에 올라가 자신의 양 떼와 함께 즐겁게 지내고 있습니다. 그는 사망의 음침한 골짜기를 지나서 푸른 풀밭이 그림같이 펼쳐진 산꼭대기의 초원까지 양 떼를 인도하여 마음껏 푸른 풀을 뜯도록 합니다. 그런데 그 푸른 풀밭에서 양 떼는 목자가 제공하는 풍성한 잔칫상을 받기까지는 목자가 얼마나 많은 수고를 하며 준비해야 하는지 모릅니다.

    목자는 이른 봄, 따스한 햇볕에 눈이 채 다 녹기도 전에 양 떼보다 앞서 음침한 골짜기를 지나 거칠고 험한 산지로 예비 답사를 떠납니다. 그는 다가오는 여름철에 자기 양 떼가 가장 유용하게 사용할 수 있도록 산꼭대기의 평평한 고원 지대에 있는 초원들을 아주 세심하게 살피면서 미리미리 준비합니다. 양 떼가 당도하여 안전하게 쉬면서 양식을 공급받을 수 있는 고원 지대의 평평한 초지와 넓은 바위가 있는 양지바른 곳을 가리켜서 '메사'(mésa)라고 부릅니다. 목자가 산꼭대기에 도착하면 이곳은 낯선 땅이기에 신경 쓸 게 많습니다. 양 떼가 풀을 뜯을 '메사'를 발견해야 할 뿐만 아니라 주변에 독초가 있는 지를 살핍니다. 그래서 만일 독초가 있으면 양 떼가 그곳을 피해 풀을 뜯게 하든지 아니면 독초들을 철저히 뽑아낼 조치를 취합니다. 그리고 가까운 곳에 물이 넉넉한 물웅덩이나 샘이 있는지 살피고, 그 근처를 깨끗이 정리해서 양 떼가 마음껏 깨끗한 물을 마실 수 있도록 준비합니다.

또한 늑대, 살쾡이, 승냥이, 표범, 곰, 사자와 같은 맹수들의 흔적도 살펴보고, 불의의 습격에 철저히 대비합니다. 때로는 양 떼를 보호하기 위해 울타리를 만들기도 합니다. 목자는 땅속에 사는 누런 뱀, 까치 독사에게도 특별한 주의를 기울입니다. 까치 독사는 땅굴에 숨어 있다가 순식간에 튀어나와 양의 코를 물어뜯습니다.

그렇게 되면 물린 상처를 통해 금방 독이 양의 온몸에 퍼지게 되고, 심하면 죽는 예도 있습니다. 목자는 독사의 피해를 막기 위해 뱀이 숨어 있는 구멍 입구를 따라 둥글게 기름을 칠합니다. 그리고 양의 코에도 기름을 발라 줍니다. 굴 입구에 친 기름은 땅을 매끄럽게 만들어서 뱀이 솟구쳐 빠져나오지 못하도록 막아 줍니다. 또한 양의 코에서 나는 기름 냄새는 뱀들을 멀리 쫓아내는 작용을 합니다.

이처럼 목자는 자기 양 떼를 위해 세밀하게 살피고 세심하게 돌봅니다. 양 떼가 안심하고 마음껏 즐길 수 있도록 잔칫상을 차려줍니다. 목자는 호시탐탐 양 떼를 노리면서 결정적인 순간에 급습하는, 양 떼의 원수인 맹수들과 독사들의 목전에서 자기의 양 떼를 위해 축제의 잔치를 열어 마음껏 축제의 향연(饗宴)을 즐기도록 합니다.

I. 원수 앞에서

> 주께서 내 원수(들, my enemies)의 목전(目前)에서 내게 상(床)을 차려주시고… [시 23:5]

이것이 바로 본문 5절에서 다윗이 고백하는 고백의 의미입니다. 우리도 다윗처럼 사망의 음침한 골짜기를 지난 후 선한 목자이신 주님께서 우리를 위해 준비해 두신 풍성한 축제의 자리에서 '잔칫상'을 맛보게 됩니다. 그런데 우리가 사망의 음침한 골짜기를 지나가다 보면 우리의 연약함과 부족함과 어리석음으로 인해 우리 마음의 간절한 소원과 결심과는 달리 자주 넘어지고 쓰러지게 되는 것을 경험하게 됩니다. 마치 닭 울기 전에 세 번씩이나 주님을 모른다고 부인했고, 또 저주하며 맹세하면서 주님을 부인했던 베드로처럼 우리도 절대로 어기지 않겠다는 맹세를 저버릴 때가 있습니다.

1. 베드로의 경우

십자가를 지시기 전날 밤, 주님께서는 최후의 유월절 만찬 자리에서 베드로에게 경고하셨습니다.

> 베드로야 내가 네게 말하노니 오늘 닭 울기 전에 네가 세 번 나를 모른다고 부인하리라 [눅 22:34]

그때 베드로는 자신만만하게 이렇게 장담했습니다.

> … 주여 내가 주와 함께 옥에도 죽는 데에도 가기를 각오하
> 였나이다 [눅 22:33]

이렇게 큰소리치며 장담했던 베드로였는데 몇 시간 지나지 않아 한 번도 아니고 세 번씩이나 거듭 주님을 부인했습니다. 세 번이나 부인한 것도 모자라 저주까지 퍼부으며 주님을 부인했습니다.

> 그가 저주하며 맹세하여 이르되 나는 그 사람을 알지 못하
> 노라 하니 곧 닭이 울더라 [마 26:74]

그 순간 주님께서 베드로의 얼굴을 쳐다보셨고, 베드로는 견딜 수 없는 마음으로 밖으로 뛰쳐나가 대성통곡했습니다.

> 주께서 돌이켜 베드로를 보시니 베드로가 주의 말씀 곧 오
> 늘 닭 울기 전에 네가 세 번 나를 부인하리라 하심이 생각나
> 서 밖에 나가서 심히 통곡하니라 [눅 22:61-62]

베드로가 두 손으로 얼굴을 감싸안고 대성통곡하는 소리가 적막 속에 잠겨 있는 예루살렘의 밤거리를 메아리치며 멀리멀

리 울려 펴져 나갑니다. 베드로는 갈기갈기 찢기고 상한 가슴을 감싸안고 한동안 깊은 후회와 자책과 슬픔 속에 깊이 빠져 있었습니다. 그러다가 찢기고 상한 마음을 견디다 못해 이전에 자신의 터전이었던 갈릴리 바다로 물러갔습니다.

그리고 그 모든 실패를 훌훌 털어 버리기 위해 고기 잡는 일에 몰두했습니다. 그렇지만 베드로는 자신이 주님을 부인했다는 엄연한 사실을 잊어버릴 수 없었습니다. 그 실패의 장면을 떨쳐 버릴 수가 없었습니다. 그렇게 하려고 애를 쓰면 쓸수록 오히려 주님을 부인한 것이 더 분명하게 떠올랐고, 실패의 장면이 더 생생하게 다가왔습니다.

부활하신 주님께서 베드로에게 개인적으로 나타나셨고(고전 15:5), 또 동료들이 있는 자리에 두 번이나 나타나셨습니다. 그렇지만 베드로의 뇌리에는 그가 세 번이나 주님을 부인했던 장면과 저주까지 했던 수치스러운 모습을 결코 지울 수 없었습니다.

그 처절한 실패의 순간에 우렛소리처럼 그의 귀를 때렸던 수탉의 울음소리를 결코 잊을 수 없었습니다. 주님께서 부활하셨고, 그가 있는 곳에 세 번씩이나 나타나셨지만(고전 15:5, 요20:24, 26), 베드로는 후회와 자책과 수치심에서 괴로워하고, 또 괴로워하면서 깊은 회의에 빠져 있었습니다.

2. 양심의 소리

그렇게 호언장담(好言壯談)했는데, 창피하고 부끄럽게도 얼마 못 가 그 맹세를 깨뜨립니다. 유혹이 닥쳐오면 힘 한 번 제대로 써 보지도 못하고 무너져 버립니다. 이러쿵저러쿵 사람들이 누군가를 헐뜯으면 무시하여 지나가지 못하고 얼른 끼어들어 한몫 거듭니다. 진실을 굳게 지키기보다 모호한 태도로 진실을 흐려 버립니다. 다시 술을 마시게 되고, 다시 담배를 입게 대게 됩니다. 보는 사람이 없으면 남몰래 떳떳지 못한 짓을 행합니다.

그러다가 우리 양심에 수탉 소리가 들려오고 죄책감이 우리 양심을 찌르게 됩니다. 그러면 우리는 베드로처럼 후회와 자책과 수치심으로 괴로워하게 됩니다. 그리고 심해지면 회의와 영적 침체의 수렁 속에 깊이 빠져 들어가게 됩니다. 그리고 원수들이 우리를 조롱하고 조소하는 소리를 듣게 됩니다. 원수 마귀와 대적자들이 속삭이는 참소 소리가 우리 양심을 짓누르게 됩니다.

II. 상(床)을 차려주심

넘치는 은혜를 베푸셔서 원수들의 목전에서 우리에게 상을 차려주시는 것입니다. 실패한 우리를 회복시키시고 원수들 앞에서 잔칫상을 준비하시는 일입니다.

> 주께서 내 원수(들, my enemies)의 목전(目前)에서 내게 상(床, table)을 차려주시고… [시 23:5]

1. 상이 주는 의미

여기서 "상"(床)이라는 단어(슐르한)는 손님을 식사에 초대하여 음식을 대접할 때 사용하는 '식탁'(table)을 가리킵니다. 또한 "차려주신다"라는 단어(아락크)는 '배열하다'라는 뜻으로 '손님을 대접하기 위하여 귀한 음식들을 식탁에 잘 차려 놓는 것'을 의미합니다. 따라서 "상(床)을 차려주신다"라는 것은 '잔칫상을 베풀어 주신다'라는 뜻입니다.

북한(조선기독교연맹)에서 번역한 성경에는 시편 23편 5절이 이렇게 표기되어 있습니다.

> 원수를 보라는 듯
> 상을 차려주시고
> 기름 부어 내 머리에 발라 주시니
> 내 잔이 넘치옵니다.

선한 목자이신 주님께서는 자신의 범죄와 잘못과 실수로 인하여 양심을 짓누르는 가책과 후회와 수치심으로 괴로워하며 깊은 회의 속에 빠져 있던 베드로를 찾아가셨습니다. 갈릴리 바다에서 밤을 꼬박 세우고 고기를 잡았지만 한 마리도 잡지 못하여 자신의 상하고 초라한 모습을 다시 보게 된 베드로를 찾아가셔서 추위와 배고픔에 떨고 있었던 베드로를 위해 해변에 숯불을 피워 놓으시고, 숯불 위에다 떡과 생선을 구우시면서 손수 아침상을 준비해 놓고 계셨습니다.

원수 마귀는 베드로가 힘 한 번 제대로 써 보지 못하도록 한 순간에 무너뜨렸습니다. 그를 한 손아귀에 넣고 밀 까부르듯 농락해 버렸습니다. 주님께서는 그렇게 처참하게 실패했던 베드로를 위해 원수 마귀의 악한 권세를 십자가와 부활로 여지없이 깨뜨려 버리셨습니다. 그리고 이제 해변에다 베드로를 위해 숯불을 피워 놓으셨습니다.

그리고 실패한 베드로를 다른 제자들이 보는 앞에서 공개적으로 초대교회의 영적 지도자로 회복시켜 주시기 위해 따뜻한 불가에 앉히신 후 떡을 떼어 주시고 구운 생선을 주셨습니다. 그 순간 베드로의 마음속에는 주님의 큰 사랑과 한없는 은혜에 대한 진한 감동과 가슴 벅찬 감격으로 가득 찼습니다.

원수 마귀로부터 맥없이 '밀 까부르듯' 농락당했던 베드로가 이제 가슴 벅찬 감동으로 주님께서 손수 준비하신 떡을 받아먹고 구운 생선을 받아 먹고 있는 것입니다. 선한 목자이신 주님께서는 베드로를 그처럼 처참하게 했던 원수 마귀와 그의 세력들이 지켜보는 앞에서 '원수의 목전'에서 상을 베푸셨습니다. "원수들이 보라는 듯"이 잔칫상을 차려주셨습니다.

이것이 선한 목자이신 주님께서 사망의 음침한 골짜기를 지나가면서 넘어진 우리를 대하는 모습입니다. 후회와 자책과 수치심으로 짓눌려 있고 게다가 원수 마귀 참소로 인해 괴로워하며 깊은 회의와 절망과 영적 침체의 수렁 속에 빠진 우리를 회복시켜 주시고 우리를 위하여 '원수의 목전에서 상(床)'을 차려주시는 것입니다.

2. 예수님의 사례

중동을 포함하여 동양 문화권에서는 한 상(床)에서 함께 식사한다는 것은 식사하는 사람들이 '형제 됨'과 '가족으로서의 친밀한 교제'를 의미했습니다. 2천 년 전, 예수님 당시 유대 사회 역시 그러했습니다. 예수님께서 서기관과 바리새인들로부터 끊임없이 비난받으신 주요한 이유 가운데 하나는 세리와 죄인들과 함께 먹고 마시면서 식탁 교제를 나눈다는 점이었습니다. 그래서 그들은 예수님을 "세리와 죄인의 친구"라고 비난했습니다(마 11:19, 눅 7:34).

> 바리새인과 그들의 서기관들이 그 제자들을 비방하여 이르되 너희가 어찌하여 세리와 죄인과 함께 먹고 마시느냐 [눅 5:30]

이런 서기관과 바리새인들의 혹독한 비난에도 불구하고 예수님은 전혀 개의치 않으시고 계속해서 세리와 죄인들과 함께 먹고 마시었습니다. 그리고 비난하는 그들에게 이렇게 대답하셨습니다.

> 예수께서 대답하여 이르시되 건강한 자에게는 의사가 쓸 데 없고 병든 자에게라야 쓸 데 있나니 내가 의인을 부르러 온 것이 아니요 죄인을 불러 회개시키러 왔노라 [눅 5:31-32]

예수님께서 세리와 죄인들과 함께 식사하신 것은 그들을 하나님 앞으로 불러 회개시켜서 하나님과 바른 관계를 맺고 구원을 얻도록 하기 위해서였습니다. 그리하여 예수님과 식사를 함께 했던 죄인들 가운데 많은 사람이 자신의 죄를 회개하고 예수 그리스도를 '메시아'로 믿게 되었고, 예수님과 영적 형제가 되었습니다. 그리고 하나님의 가족으로서 예수님과 더불어 친밀한 교제를 나누게 되었습니다.

> 볼지어다 내가 문밖에 서서 두드리노니 누구든지 내 음성을 듣고 문을 열면 내가 그에게로 들어가 그와 더불어 먹고 그는 나와 더불어 먹으리라 [계 3:20]

이렇게 주님을 떠난 자들이 주님의 음성을 듣고 자신의 마음 문을 열고 회개하고 주님과 올바른 관계를 회복합니다. 그러면 주님께서는 그들 안에 들어가셔서 그분의 형제 됨을 확인해 주시고, 하나님의 가족으로서 그들과 더불어 먹고 마시면서 친밀한 교제를 나누십니다. 이것이 원수들의 목전에서 상을 차려주시는 선한 목자이신 주님의 풍성한 은혜와 사랑입니다.

시편 23편을 기록한 다윗 역시 일생을 살면서 '원수의 목전에서 상을' 차려주시는 하나님의 풍성한 은혜와 사랑을 깊이 체험한 적이 한두 번이 아니었습니다. 다윗은 일평생 동안 수많은 대적과 원수들로부터 괴롭힘을 당했습니다. 그런데 하나님께서는 때를 따라 돕는 은혜를 허락하셔서 원수들 앞에서 보란 듯이 승리의 잔칫상을 베풀어 주셨습니다.

"주께서 내 원수들의 목전에서 내게 상(床, table)을 차려 주시고…".

다윗을 위해 잔칫상을 차려주시고, 베드로를 위해 아침상을 준비하신 주님께서는 우리를 위해서도 똑같은 자리를 마련해 놓으셨습니다. 우리의 죄악과 잘못과 실수를 지적하며 끊임없이 우리를 비난하고 참소하는 원수 마귀 앞에서 당신과의 회복된 관계의 명백한 증거로서 보란 듯이 잔칫상을 차려주셨습니다.

그리하여 우리 마음속에서 꺼져 가던 믿음과 소망과 헌신과 열정의 불꽃들을 다시 살려 주셨습니다. 그래서 우리를 사망의 음침한 골짜기를 벗어나 주님께서 잔칫상을 준비하신 저 높은 곳에 있는 하나님의 푸른 초원인 '메사'로 인도하셔서 주님 자신으로 인하여 기뻐하게 하셨습니다. 그리고 새로운 마음과 믿음과 헌신과 열정으로 다시 주님을 섬기게 하셨습니다.

III. 내 잔이 넘치게 하시는 하나님

다윗은 시편 23편에서 자신이 일생을 살면서 경험한 하나님의 은혜와 축복을 이렇게 한마디로 표현합니다.

> …내 잔이 넘치나이다 [시 23:5하]

1. 기름을 부어주심

여기서 "넘치다"라는 단어(레와야)는 단순히 채워지는 상태가 아닙니다. 포화 상태가 되어 넘쳐흐르는 상태를 의미합니다(NIV: overflows). 잔에 포도주가 가득 차서 흘러 넘칩니다. 포도주는 잔의 테두리까지 가득 차오르고, 밖으로 흘러 넘칩니다. 다윗은 자신의 여정(旅程)을 회고하면서 하나님께서 은혜와 축복을 붓고 또 부으셔서 차고 넘친다고 고백합니다.

그런데 다윗이 이렇게 "내 잔이 넘치나이다"라고 고백할 수 있는 것은 그가 살아온 인생이 평탄하고 문제없고 형통했기 때문이 아닙니다. 다윗은 인생을 살면서 무수한 사망의 음침한 골짜기를 통과해야만 했습니다. 각처에서 수많은 대적이 일어나 다윗을 공격했습니다. 원수들이 그의 곁에서 호시탐탐 노리고 있었습니다. 다윗은 생애 대부분을 거의 전쟁터에서 살아야만 했습니다.

그뿐만이 아닙니다. 다윗은 사랑하는 가족들로부터도 소외된 이방인이었습니다. 아버지와 형들로부터 무시당하고, 결혼한 후에는 본부인인 아내 미갈에게 업신여김을 당했습니다. 또한, 장인은 10년이 넘는 긴 기간 동안 그를 죽이려고 눈에 불을 켰습니다. 그리고 배다른 아들들은 아버지의 목전에서 서로 죽이고 죽는 피 터지는 처참한 살육을 했습니다.

　심지어 사랑하는 아들 압살롬은 아버지의 왕좌를 찬탈하려고 반역을 일으킨 후 백주(白晝) 대낮에 아버지의 후궁들을 백성들이 보는 앞에서 겁탈까지 했습니다. 그리고 아버지를 죽이려는 패역까지 거침없이 저질렀습니다. 이런 파란만장(波瀾萬丈)한 인생을 살았던 다윗임에도 그는 지나온 자신의 일생을 돌이켜 보면서 "내 잔이 넘치나이다"라고 감격에 넘쳐 고백했습니다.

　다윗이 "내 잔이 넘치나이다"라고 감격에 넘쳐 고백하는 주요한 이유는 하나님께서 원수들의 목전에서 잔칫상을 차려주셨고, 또 기름을 그의 머리에 부어주셨기 때문입니다.

> … (당신께서) 기름을 (가지고) 내 머리에 (가득) 부으셨으니 내 잔이 넘치나이다(NIV: You anoint my head with oil: my cup overflows) [시 23:5 하(히브리어 원문)]

　이 고백은 다윗이 목동 생활에서 직접 체험했던 산 경험으로부터 나오는 살아 있는 고백입니다. 다윗은 인생을 살면서 마음이 상하고 가슴이 답답한, 억울하고 원통한 일들을 너무나 많이 당했습니다. 그래서 다윗의 마음과 몸은 온통 상처투성이였습니다.

> 비방이 나의 마음을 상하게 하여 근심이 충만하니 불쌍히 여길 자를 바라나 없고 긍휼히 여길 자를 바라나 찾지 못하였나이다 [시 69:20 (다윗)]

여기서 "상하다"라는 단어(쇠바르)는 '파열하다', '깨지다', '산산이 부서지다', '으스러뜨리다'(NIV: break)라는 의미입니다. 따라서, '나의 마음을 상하게 한다'는 것은 '나의 마음을 산산이 부수고 으스러뜨린다'라는 의미입니다.

그러기에 다윗은 자신의 상처와 아픔을 씻어 주실 선한 목자이신 하나님께서 부어주시는 성령의 치유 기름이 필요했습니다. 그래서 다윗은 억울하고 원통한 일을 당하여 마음이 상하고 가슴이 답답할 때마다, 마음의 상처로 인하여 견딜 수 없는 아픔과 고통을 느낄 때마다 선한 목자이신 하나님 앞에 나아갔습니다. 왜냐하면, 하나님께서는 상심(傷心)한 자를 고치시며 우리의 상처를 싸매 주시기 때문입니다.

> (여호와께서) 상심(傷心)한 자들을 (NIV: the brokenhearted) 고치시며 그들의 상처를 싸매시는도다 [시 147:3]

다윗은 마음이 상하고 답답할 때마다, 상처로 인하여 아픔과 고통을 느낄 때마다 하나님 앞에 나아가 자신의 아픈 마음을 다 토하면서 간절히 부르짖어 기도했습니다.

> 내가 소리 내어 여호와께 부르짖으며 소리 내어 여호와께 간구하는도다 내가 내 원통함을 그의 앞에 토로하며 내 우환(憂患, NIV: my trouble)을 그의 앞에 진술하는도다 [시 142:1-2(다윗)]

다윗이 이렇게 마음을 토하며 간절히 부르짖어 기도할 때 하나님께서는 늘 그의 기도를 들어주셨고, 언제나 성령의 치유 기름을 가득 부어주셨습니다. 다윗은 하나님께서 가득 부어주시는 성령의 기름으로 말미암아 원통함과 억울함이 풀어졌습니다. 마음의 상처와 아픔이 치유되고 회복되는 것을 깊이 경험했습니다. 그래서 그는 감격에 넘쳐 고백했습니다.

> … (당신께서) 기름을 (가지고) 내 머리에 (가득) 부으셨으니 내 잔이 넘치나이다 [시 23:5하(히브리어 원문)]

이렇게 성령의 놀라운 기름으로 많은 상처와 아픔을 치유 받았던 다윗이었기에 시편 62편 8절에서 이렇게 우리에게 권면

합니다.

> 백성들아 시시로 그를 의지하고 그의 앞에 마음을 토하라
> 하나님은 우리의 피난처시로다 [시 62:8]

거절로 인하여 생긴 마음의 상처와 아픔을 치유하기 위해서는 성령의 기름보다 더 좋은 치료 약이 없습니다. 성령께서 치유의 기름을 부어주시면 우리의 상한 마음은 고침을 받게 됩니다. 포로 된 마음은 자유를 얻게 됩니다. 묶인 마음은 풀어지게 됩니다. 그래서 우리는 다윗처럼 기뻐하고 즐거워하면서 "내 잔이 넘치나이다!"라고 하나님을 찬송하게 됩니다(사 61:1-3).

2. 넘치는 은혜

목자가 양들에게 기름을 부어주는 것은 해충들과 피부병으로부터 양들을 보호하고, 서로 싸우지 않고 화목하게 지내도록 하며, 양들의 상처를 치유하기 위해서입니다. 이런 이유가 다 중요하지만, 목자가 양들에게 기름을 붓는 가장 중요한 이유가 있습니다. 그것은 양들이 목자와의 사랑의 관계를 확인하고 목자의 사랑을 깊이 느끼도록 하기 위해서입니다.

사망의 음침한 골짜기를 지나 산 위에 있는 푸른 초원에 도착한 양 떼는 그 초원에서 마음껏 풀을 뜯고, 또 쉴만한 물가에서 맑은 물을 마십니다. 그리고 해가 석양에 지면 목자가 돌을 쌓아 임시로 만들어 놓은 양 우리로 돌아옵니다. 그러면 목자는 한 마리씩 양의 이름을 부르면서 머리에 기름을 발라 주고 머리를 쓰다듬어 줍니다.

다윗은 목동 시절에 사무엘 선지자로부터 이스라엘의 두 번째 왕으로 기름 부음을 받았습니다. 구약 시대에는 선지자와 제사장과 왕으로 임명되는 사람들에게 기름을 부어 세웠습니다. 그들은 선지자, 제사장, 왕의 삼중직(三重職)을 동시에 가지신 메시아 예수 그리스도의 모형(模型)과 그림자입니다. 그런데 기름 부음에는 세 가지 의미가 있습니다.

첫째, 하나님께서는 특별한 사역을 위하여 일꾼들을 택하셔서 공적 직무를 맡겨 주신다는 상징적인 예식입니다. 그래서 기름 부음을 받자마자 그들은 선지자와 제사장과 왕이라는 공적 직무를 맡게 됩니다.

둘째, 하나님께서 기름 부으실 때, 성령이 임하셔서 함께하심으로 그들은 자신들에게 맡겨진 공적 직무를 능히 감당할 수 있게 됩니다. 이것은 사울이 왕으로 기름 부음을 받을 때도 그랬고(삼상 10:1, 9-10), 다윗이 기름 부음을 받을 때도 역시 그러했습니다.

> … 여호와께서 이르시되 이가 그니 일어나 기름을 부으라 하시는지라 사무엘이 기름 뿔병을 가져다가 그의 형제 중에서 그에게 부었더니 이 날 이후로 다윗이 여호와의 영에게 크게 감동되니라 [삼상 16:12-13]

다윗은 하나님께서 사무엘 선지자를 통해 기름 부어주실 때 성령으로 충만하여 하나님께서 맡겨 주신 거룩한 사명을 능력 있게 감당할 수 있었습니다.

셋째, 기름 부으심을 받은 사람들은 성령이 충만히 임하셔서 함께하시기에 하나님을 더 깊이 알게 되고, 더 분명히 느끼게 되며, 자신에게 부어주시는 하나님의 넘치는 사랑과 은혜를 생생하게 체험하게 됩니다.

그들은 마치 양들이 하루의 일과를 마치고 저녁에 양 우리로 돌아오면 목자가 한 마리씩 양의 이름을 부르면서 머리에다 기름을 발라 주고 머리를 쓰다듬어 주는 것과 같은 축복을 누리게 됩니다. 그래서 선한 목자이신 하나님과의 사랑의 관계를 다시 확인하고, 선한 목자이신 하나님의 사랑과 은혜를 생생하게 체험하면서 더 깊고 친밀하고 풍성한 생명의 교제를 하나님과 나누게 됩니다.

다윗은 선한 목자이신 하나님으로부터 이런 놀라운 성령의 기름 부으심을 충만히 받았습니다. 그리고 성령의 기름 부으심으로부터 오는 하나님의 특별하신 은혜와 능력의 체험들을 계속 경험하며 인생을 살았습니다. 그래서 그는 노년에 감격에 넘쳐 고백합니다.

> … (당신께서) 기름을 (가지고) 내 머리에 (가득) 부으셨으니 내 잔이 넘치나이다 [시 23:5]

우리도 성령의 기름 부으심을 간절히 사모하며 하나님께 간구합시다. 우리의 죄를 철저히 회개합시다. 그리고 하나님과 그분의 말씀에 순종하기 위해 우리 의지와 우리 자신을 온전히 드립시다. 그때 하나님께서는 다윗에게 성령의 기름을 충만히 부어주셨던 것처럼 우리에게도 충만히 부어주실 것입니다.

우리는 성령의 기름 부으심으로 말미암아 우리를 괴롭히고 우리 영과 마음과 몸에 치명적인 손상을 입히는 영적 해충들과 영적 피부병으로부터 보호함을 입게 될 것입니다. 인간관계 속에서 특히 믿음의 지체들과의 관계에서 갈등과 분쟁과 다툼을 버리고 화목하게 지내게 될 것입니다.

우리의 상한 마음이 고침을 받게 되고, 포로 된 마음은 자유로움을 얻게 되며, 묶인 마음은 풀어지게 될 것입니다. 무엇보다 선한 목자이신 하나님과 깊고 친밀하고 풍성한 생명의 교제를 나누면서 하나님이 부어주시는 넘치는 사랑과 은혜를 생생하게 체험하게 될 것입니다. 그래서 우리도 다윗처럼 가슴 벅찬 감격으로 이렇게 외치게 될 것입니다.

당신께서 기름을 가지고 내 머리에 가득 부으셨으니 내 잔이 넘치나이다.

제5강

함께 하시는 하나님

제5강

함께 하시는 하나님

내 평생에 선하심과 인자하심이 반드시 나를 따르리니
[시 23:6]

    선한 목자이신 주님께서는 그렇게 처참하게 고통당하다가 결국에는 쓸쓸하게 죽음을 맞이하여 지옥의 영원한 형벌 속으로 떨어질 수밖에 없는 우리를 바라보시면서 견딜 수 없는 연민의 마음으로 괴로워하셨습니다. 결국, 선한 목자이신 주님께서는 아버지 하나님의 뜻을 따라 우리를 만나시기 위해 천국 영광의 집을 떠나 이 세상으로 내려오셨습니다. 그리고 우리를 쉼 없이 끈질기게 찾아오셨습니다.

    그러나 우리는 선한 목자이신 주님을 알아보지 못했습니다. 연민의 마음으로 우리를 바라보시는 그분의 아픈 마음을 알지 못했습니다. 우리는 그분을 원하지도 않았고, 무시했으며, 귀찮은 존재처럼 대했습니다. 주님께서는 그런 우리를 포기하지 않으시고 끝까지 우리를 따라 다니셨습니다. 결국, 우리는 주님의 아가페 사랑의 집요함과 끈질김으로 인하여 하나님 앞으로 돌아와 그분의 자녀가 될 수 있었습니다.

우리는 이런 주님의 아가페 사랑의 집요함과 끈질김으로 인해 하나님의 자녀가 되었지만, 우리 삶 속에 어려운 문제나 힘든 일이 생기면, 쉽게 주님의 선하심과 인자하심을 의심하게 됩니다. 다윗 역시 그러했습니다. 다윗의 시 가운데 그런 배경 속에 기록된 시를 시편에서 여럿 발견할 수 있습니다.

> 여호와여 어느 때까지니이까 나를 영원히 잊으시나이까 주의 얼굴을 나에게서 어느 때까지 숨기시겠나이까 나의 영혼이 번민하고 종일토록 마음에 근심하기를 어느 때까지 하오며 내 원수가 나를 치며 자랑하기를 어느 때까지 하리이까? [시 13:1-2]

> 내 하나님이여 내 하나님이여 어찌 나를 버리셨나이까 어찌 나를 멀리하여 돕지 아니하시오며 내 신음소리를 듣지 아니하시나이까 내 하나님이여 내가 낮에도 부르짖고 밤에도 잠잠하지 아니하오나 응답하지 아니하시나이다… 나

는 벌레요 사람이 아니라 사람의 비방거리요 백성의 조롱거리니이다 [시 22:1-2, 6]

이런 다윗이지만, 이제 그는 인생의 석양에서 자신이 걸어온 인생길을 되짚어 보면서 감격적으로 고백합니다.

내 평생에 선하심과 인자하심이 반드시 나를 따르리니 내가 여호와의 집에 영원히 살리로다 [시 23:6]

히브리어 원문 성경은 이 구절을 이렇게 표현하고 있습니다.

진실로, 선하심과 인자하심이 내가 사는 모든 날 동안 나를 따르리니, 내가 여호와의 집에 영원히 살게 될 것입니다 (KJV: Surely, goodness and mercy shall follow me all the days of my life, and I will dwell in the house of the Lord for ever).

우리는 다윗의 고백을 통해서 몇 가지 복된 진리를 깨달을 수 있습니다.

I. 평생 동행

> 내 평생에 선하심과 인자하심이 반드시 나를 따르리니… [시23: 6].

여기서 "반드시"라는 단어(아크)는 '확실히', '의심할 여지없이'(surely)라는 뜻입니다. 히브리어 원문 성경에는 이 단어가 서두에 나오면서 문장 전체를 강조하고 있습니다. 그리고 '내 평생에'라는 단어(콜 예메 하이야이)는 '나의 생명의(삶의) 모든 날'(all the days of my life)이라는 의미입니다. 다윗은 강한 확신 가운데 고백합니다.

> 진실로(의심할 여지 없이, Surely), 선하심과 인자하심이 내가 사는 모든 날 동안 나를 따르리니… [시23:6 (히브리어 원문 성경)]

1. 한 순간도 멈춤없이

이렇게 다윗은 자신이 숨 쉬는 모든 날 동안 하나님의 선하심과 인자하심이 멈추어지는 날이 단 한 순간도 없을 것을 전혀 의심하지 않고 강한 확신 가운데 고백합니다.

다윗은 이제까지 인생을 살아오면서 자신의 인생 전체를 통해 하나님께서는 '진실로' 그분의 약속을 지키시며, 언제나 변함없이 자신을 대해 주시는 것을 깊이 경험했습니다. 사람의 기분은 조변석개(朝變夕改)하며 아침저녁으로 변하지만, 하나님의 심기는 변하지 않으십니다. 사람의 마음은 변덕을 부리지만 우리를 향하신 하나님의 마음은 한결같으십니다.

인간의 사랑은 환경이나 다른 사람의 태도나 시간이 지남에 따라 변하고, 또 약해지지만, 우리를 향하신 하나님의 사랑은 언제나 변함이 없으시고 약해지지 않습니다. 심지어 우리가 하나님께 신의(信義)를 저버리고 그분을 배반할 때조차도 하나님은 우리에게 결코 신실함을 잃지 않으십니다.

다윗은 이 사실을 자신의 실패와 범죄를 통하여 깊이 깨달았습니다. 다윗이 우리아의 아내 밧세바를 취하고, 충성스러운 신하 우리아를 죽이는 흉악한 죄를 범하며 하나님께 반역했을 때도 그를 향한 하나님의 신실하심은 변함이 없었습니다. 이렇게 하나님의 신실하심을 생생하게 체험했던 다윗이기에 그는 가슴 벅찬 감격으로 이렇게 고백합니다.

> 진실로, 주님의 선하심과 인자하심이 내가 사는 모든 날 동안 나를 따를 것입니다.

진실로 선하심과 인자하심이 내가 사는 모든 날 동안(all the days of my life) 나를 따르리니 내가 여호와의 집에 영원히 살게 될 것입니다[시 23:6 (히브리어 원문 성경)]

2. 일평생 동안에

하나님의 선하심과 인자하심은 일평생 동안 나를 따라다닐 것입니다. '가능한 한 오랫동안'이 아닙니다. '내가 하나님을 사랑하는 동안'도 아닙니다. '내가 하나님께 순종하는 동안'도 아닙니다. '내가 하나님께 충성하는 동안'도 아닙니다. 나의 어떤 모습과도 상관없이, 내가 사는 모든 날 동안 매일, 매 순간 하나님의 선하심과 인자하심이 독생자 예수 그리스도의 귀한 생명을 값으로 지불하시고 그분의 자녀로 삼아 주신 나를 끈질기고 집요하게 추격하실 것입니다. 나를 향하신 하나님의 선하심과 인자하심은 영원무궁합니다. 내가 범죄하고 실수하여 죄책감과 자책감과 깊은 후회에 사로잡혀 있을 때도, 문제 속에서 슬퍼하고 괴로워할 때도, 깊은 외로움과 쓸쓸함을 느끼며 홀로 눈물 흘릴 때도, 하나님은 나를 향한 그분의 사랑을 결단코 거두지 않으십니다. 그러므로 여러분이 어떤 형편에 처하든지 하나님의 '헤세드'사랑, '아가페'사랑을 의심하지 마십시오. 언제 어디서나 어느 때든지 하나님을 온전히 믿고 신뢰하며 그분께 여러분의 모든 것을 다 맡기고 의탁하십시오.

그때 선한 목자이신 하나님께서는 여러분의 삶 속에 모든 것을 합력하여 선을 이루실 것입니다. 하나님의 선하심과 인자하심이 우리의 생애 모든 날 동안에 집요하고 끈질기게 우리의 뒤를 추격하며 뒤따르게 될 것입니다. 그래서 우리도 인생의 석양에 서서 이제까지 걸어온 우리의 인생길을 뒤돌아보며 다윗처럼 감격에 넘쳐 이렇게 고백하게 될 것입니다.

> 진실로 선하심과 인자하심이 내가 사는 모든 날 동안 나를 따르리니, 내가 여호와의 집에 영원히 살게 될 것입니다 [시 23:6]

II. 선하심과 인자하심

> 진실로, 선하심과 인자하심이 내가 사는 모든 날 동안 나를 따르리니 [시 23:6 (히브리어 원문 성경)].

여기서 '선하심'이라는 단어(토브)는 '좋음', '아름다움', '친절함', '부유함' 등의 뜻이 있습니다. 이 단어는 하나님의 성품 그

자체를 묘사하거나 하나님의 은혜로우심과 축복을 나타내는 데 사용되기도 합니다. 이 단어가 대표적으로 사용된 용례가 창세기 1장에 나옵니다. 하나님께서 엿새 동안 천지를 창조하실 때, 날마다 창조의 마지막에 이 단어가 후렴구처럼 반복 사용되었습니다.

> … 하나님이 보시기에 (심히) 좋았더라 (토브) [창 1:4, 12, 18, 21, 25, 31]

이 말씀은 하나님께서 엿새 동안 창조하신 모든 피조물이 하나님이 원래 의도하셨던 목적과 계획과 일치하여 존재하게 된 것을 바라보시면서 내리신 하나님의 판단과 평가입니다. 따라서, 하나님의 '선하심'(토브 [좋았더라])은 우리의 관점에서 바라보면서 내리는 우리의 판단과 평가가 아닙니다. 하나님의 관점에서 바라보며 내리시는 하나님의 판단과 평가입니다.

예를 들어보겠습니다. 시편 기자는 시편 119편에서 이런 고백을 합니다.

> 고난당하기 전에는 내가 그릇 행하였더니 이제는 주의 말씀을 지키나이다… 고난당한 것이 내게 유익이라, 이

로 말미암아 내가 주의 율례들을 배우게 되었나이다. [시 119:67,71]

1. 고난도 유익이라

시편 기자의 "고난당 한 것이 내게 유익이라"라는 이 고백이 바로 "하나님이 보시기에 좋았더라", '하나님의 선하심'(토브)에 관련된 고백입니다. 왜냐하면, 시편 기자는 자신이 당한 고난을 인간적인 관점에서 바라보며 판단과 평가를 내리는 것이 아니라, 하나님의 관점에서 자신의 고난을 바라보며 판단하고 평가하기 때문입니다.

그러기에 시편 기자의 고백은 바로 하나님의 '선하심'(토브 [좋았더라])과 일치합니다. 그는 고난을 통하여 이전에 그릇 행했던 자신이 주의 말씀을 지키게 되었고, 주의 율례들을 배우게 되었습니다. 그래서 '토브'(고난이 '좋았더라'), 하나님의 '선하심'인 것입니다.

타락한 인간은 그 누구도 예외없이 본성적으로 교만하고, 타락한 자아 사랑으로 가득합니다. 자기 자신과 자기 의를 의지하는 마음이 얼마나 강한지 모릅니다. 그래서 인간에게는 고난이 필요한 것입니다. 인간의 그런 교만함과 타락한 자아 사랑, 그리고 자기 자신과 자기 의를 의지하는 마음이 깨뜨려지고 부수어지기 위해서는 다른 것으로는 불가능합니다. 오직 고난을 통해서만 가능합니다. 그래서 하나님께서는 고난을 '변장 된 하나님의 축복'으로 사용하시는 것입니다.

우리도 고난당 할 때, 하나님께서 의도하신 목적에 맞게 변화될 때 고난까지도 사용하셔서 합력하여 선을 이루시는 하나님의 선하심을 깊이 체험할 수 있습니다. 다윗은 자신이 사는 모든 날 동안 하나님의 선하심이 자기를 따를 뿐 아니라 하나님의 인자하심도 자기를 따른다고 고백합니다.

> 진실로 선하심과 인자하심이 내가 사는 모든 날 동안 나를 따르리니… [시 23:6 (히브리어 원문 성경)]

여기서 "인자하심"이라는 단어(헤세드)는 '언약 백성을 향한 하나님의 주권적인 사랑'을 가리킵니다. '헤세드' 사랑은 중요한 두 가지 특징이 있습니다. 그것은 '무조건적인 사랑'(신 7:6-8)과 '변함없는 무궁한 사랑'(렘 31:3)입니다. '헤세드'를 그리스어로는 '아가페'로 번역할 수 있습니다. "인자하심"(헤세드)이라는 단어의 가장 중요한 의미는 언약 백성들을 향하여 불쌍히 여기시는 하나님의 긍휼하신 성품과 관련되어 있습니다.

하나님의 '헤세드' 사랑, '아가페' 사랑은 아무런 자격도 없고 가치도 없는 죄인들을 불쌍히 여기시는 하나님의 긍휼에 기초를 두고 있습니다. 다윗은 자신의 죄악과 연약함과 무능력에도 불구하고 선한 목자이신 하나님의 인도하심을 따라 살아갈 때 하나님께서 반드시 불쌍히 여겨 주실 것이라고 확신합니다.

> 진실로 선하심과 인자하심이 내가 사는 모든 날 동안 나를 따르리니… [시 23:6 (히브리어 원문 성경)]

하나님이 앞장서서 양 떼인 우리를 인도하시는 목자시라면 하나님의 선하심과 인자하심은 양 떼인 우리 후미(後尾)를 지키는 두 마리 양치기 개와 같습니다. 다윗은 본문에서 하나님의 선하심과 인자하심을 똑같이 강조합니다. 그는 하나님의 '선하심'이라고만 하지 않습니다. 왜냐하면, 우리는 그릇 행하여 각기 제 길로 가는 양이기 때문입니다. 우리는 하나님의 인자하심, 불쌍히 여기심이 언제 어디서나 필요한 죄인들입니다.

그러므로 그릇 행하여 각기 제 길로 가기를 잘하는 양과 같은 우리 뒤에는 늘 하나님의 인자하심이라는 양치기 개가 우리를 따라와야 합니다. 또한, 다윗은 하나님의 '인자하심'이라고만 하지 않습니다. 우리는 양처럼 늘 목자이신 하나님의 선하심이 필요한 연약하고 무능력한 존재이기 때문입니다. 목자의 돌봄과 도움과 보호가 없이는 한 순간도 살 수 없는 양처럼 우리 뒤에는 늘 하나님의 선하심이라는 양치기 개가 우리를 따라와야 합니다. 특히, 우리가 고난 중에 있을 때는 더욱 그러합니다.

그러므로 하나님의 선하심과 인자하심은 우리가 사는 모든 날 동안 언제나 함께 우리에게 필요합니다. 하나님의 선하심은 우리가 인생을 살면서 필요한 영적, 정신적, 육체적인 모든 필요를 채우십니다. 하나님의 인자하심은 우리가 일평생 동안 범하는 모든 허물과 죄와 실수를 덮으시고 우리의 모든 죄악을 용서하십니다. 이렇게 목자이신 하나님은 선하심으로 우리의 모든 필요를 채우십니다. 그리고 그분의 인자하심으로 우리의 모든 허물과 죄를 용서하십니다.

그러기에 목자이신 하나님의 선하심과 인자하심은 하나님의 양 떼인 우리를 지키는 거룩한 양치기 개들이며, 거룩한 경호원들입니다. 다윗은 이런 하나님의 선하심과 인자하심이 일평생 동안 나를 따른다고 말합니다.

2. 선하심과 인자하심으로

진실로 선하심과 인자하심이 내가 사는 모든 날 동안 나를

따르리니 내가 여호와의 집에 영원히 살게 될 것입니다
[시 23:6 (히브리어 원문 성경)]

여기서 "따른다"라는 단어(라다프)는 단순히 '뒤따라온다'라는 뜻이 아닙니다. '추격한다', '추적한다'(pursue)라는 강한 의미를 지니고 있습니다.

걸음마를 배우기 시작한 어린아이를 둔 엄마가 아이를 향해 시선을 한 순간도 놓치지 않고 계속 추적하는 것처럼, 맹수들이 먹잇감을 쫓을 때 그것을 놓치지 않기 위해서 집요하게 추격하는 것처럼, 형사가 범인을 검거하기 위해서 모든 증거를 하나도 놓치지 않고 끈질기게 추적하는 것처럼, 하나님의 선하심과 인자하심은 우리의 모습과 상태와 됨됨이와 상관없이 결코 우리를 포기하지 않으시고 집요하고 끈질기게 우리 뒤를 추격하며 뒤따르십니다.

우리가 하나님은 정말 우리를 사랑하시는 참 좋으신 아버지시며, 우리의 진정한 유익을 위해 그처럼 애쓰신다는 사실을 깨닫고 그분을 온전히 신뢰하는 순간까지, 설령 우리가 그렇게 되는 것이 평생 걸린다고 할지라도 우리를 향하신 하나님의 추적은 멈추지 않습니다. 우리를 결단코 포기하지 않으시고 모든 희생을 치르시면서 끝까지 우리 뒤를 따르십니다.

III. 여호와의 집에 영원히 살게 하시는 하나님

우리가 죽음을 두려워하지 않고 편안하게 맞이하기 위해서는 하나님을 우리의 선한 목자로 모시고 계속해서 그분의 인도하심을 따라 살아야 합니다. 다윗은 일평생 동안 하나님을 자신의 선한 목자로 모시고 항상 그분의 인도하심을 따라 살았기에 죽음을 두려워하지 않았습니다. 그는 시편 23편을 마감하면서 이렇게 아름답게 고백합니다.

> 진실로 선하심과 인자하심이 내가 사는 모든 날 동안 나를 따르리니 내가 여호와의 집에 영원히 살게 될 것입니다[시 23:6 (히브리어 원문 성경)]

1. 내가 살리로다

다윗은 일평생 동안 "진실로 여호와의 선하심과 인자하심이 내가 사는 모든 날 동안 반드시 나를 따른다"라는 믿음의 고백을 하며 살았습니다. 그러나 그것으로 끝나지 않았습니다. 그의 믿음의 고백의 결론은 "내가 여호와의 집에 영원히 살리로다"였습니다. 다윗의 이 신앙고백은 그가 소년 시절에 목자로서 양을

쳤던 실제 체험을 통해 더욱 분명하고 생생하게 고백 됐습니다.

팔레스타인의 목자들은 여름철이 되면 자기 양 떼를 몰고 먼 곳에 있는 높은 산 위의 초원으로 올라갑니다. 높은 산 위의 초원에는 양 떼가 여름 한철 동안 배부르게 먹을 수 있는 푸른 풀들도 가득 차 있습니다. 양 떼는 거기서 가을까지 잘 보낸 다음 풀이 다 말라버리고 날씨가 견디기 힘들 만큼 쌀쌀해지면 다시 산 밑으로 내려와 집으로 향합니다. 양 떼는 기나긴 추운 겨울을 지내게 될 목자의 집의 풀밭과 우리와 피난처로 되돌아오는 것입니다.

처음 양 떼가 고원 위에 있는 초원에서 여름을 보낼 때는 마음껏 배부르게 먹을 수 있는 푸른 풀로 인하여 행복함을 느낍니다. 그러나 코 파리들을 비롯한 해충들이 자신들을 공격하고, 또 집 떠난 데서부터 오는 여러 가지 불편함과 피곤함과 힘듦을 느끼게 되면 떠나온 목자의 집을 그리워하게 됩니다. 게다가 날씨까지 쌀쌀해지면서 폭풍우와 눈보라가 휘몰아쳐 오면 목자의 집으로 돌아가고 싶어 하는 간절한 마음에 사로잡힙니다.

이런 양들의 사모하는 간절한 마음이 바로 다윗의 마음이기에 그는 이렇게 고백하는 것입니다.

내가 여호와의 집에 영원히 살리로다 [시 23:6 하]

여기서 "내가… 살리로다"라는 단어(웨쇼브티)는 '내가… 거주하리로다'(dwell)라는 뜻입니다. 이 단어의 시제가 완료형인데, 히브리어에서 완료형은 과거를 나타낼 때 주로 사용됩니다. 그러나 본문에서는 "영원히"(레오 레크 야임)라는 단어와 함께 사용되었기에 미래를 나타냅니다. 이처럼 미래를 나타냄에도 불구하고 다윗이 완료형을 사용한 것은 그가 하나님의 집에 영원토록 거주하는 것은 너무도 분명하고 확실한 사실이기 때문입니다.

또 다윗이 완료형을 사용한 것은 자기 자신을 향하여 결단코 변하지 않을 굳센 다짐을 하는 것입니다.

"나는 어떤 일이 있어도 반드시 여호와의 집에 영원히 거주할 것이다".

양들이 임시 거처인 산 위의 초원 생활을 끝내고 목자의 집으로 완전히 돌아가야 하는 것처럼 하나님의 양인 우리도 나그네 인생을 끝내고 선한 목자이신 하나님이 예비해 놓으신 천국의 영원한 집으로 돌아가야 합니다. 주님께서는 우리가 하나님의 집에서 영원토록 살 수 있도록 지금 우리를 위해 영원한 거처를 예비하고 계십니다.

> 내 아버지 집에 거할 곳이 많도다 그렇지 않으면 너희에게 일렀으리라 내가 너희를 위하여 거처를 예비하러 가노니 가서

> 너희를 위하여 거처를 예비하면 내가 다시 와서 너희를 내게
> 로 영접하여 나 있는 곳에 너희도 있게 하리라 [요 14:2-3]

2. 영원히 사는 길

그렇다면 다윗처럼 하나님이 예비하신 천국의 영원한 집으로 돌아가서 그분과 함께 영원히 살게 될 우리는 이 세상에서 어떤 삶을 살아야 합니까?

(1) 늘 하나님을 사모하며 그분과 교제하기

다윗이 사모했던 '여호와의 집'은 일차적으로 이스라엘 백성들이 성전을 건축하기 전, 하나님께 제사를 지냈던 '성막'이었습니다. 그리고 궁극적으로는 하나님이 계신 영원한 천국입니다. 다윗은 얼마나 간절히 '하나님의 집'을 사모했는지 모릅니다.

> 내가 여호와께 바라는 한 가지 일 그것을 구하리니 (NIV:
> One thing I ask from the Lord, this only do I seek), 곧 내가
> 내 평생에 (all the days of my life) 여호와의 집에 살면서 여
> 호와의 아름다움을 바라보며 그의 성전에서 사모하는 그것
> 이라(to seek him in his temple) [시 27:4]

이처럼 다윗은 '여호와의 집'을 사무치도록 사모했기에 그는 자기 생전에 성전 짓기를 갈망했습니다. 그러나 하나님께서는 허락하지 않으셔서 자신이 직접 짓지는 못했습니다. 그렇지만 그는 일평생 동안 성전 건축을 위해서 정성을 다해 준비했고 아들 솔로몬이 성전을 지을 수 있도록 최선을 다해 도왔습니다.

다윗이 이렇게 '여호와의 집'인 성막이나 성전을 간절히 사모한 이유가 무엇입니까?

성막이나 성전은 하나님께서 친히 임재하셔서 하나님의 백성들을 만나주시고, 그들의 예배를 받으시며, 그들과 친밀히 교제하는 곳이기 때문입니다. 따라서, 다윗이 '여호와의 집'인 성막이나 성전을 그토록 사모한 것은 성막이나 성전 그 자체 때문이 아닙니다. 바로 성막이나 성전에 임재하여 계시는 하나님을 사모하는 것입니다. 다윗은 그처럼 하나님 만나기를 그리워했고, 하나님을 만나 그분과 교제하기를 그처럼 간절히 사모했던 것입니다.

하나님이 우리를 위해 예비해 놓으신 천국의 영원한 집은 우리와 함께하시는 하나님과 우리가 영원토록, 온전하게 교제하는 처소입니다. 요한계시록 21장에서 성경은 주님의 재림과 최후 심판으로 완성될 영원한 천국인 새 하늘과 새 땅의 가장 중요한 특징을 세 번이나 거듭 반복하여 말씀하십니다.

> 내가 들으니 보좌에서 큰 음성이 나서 이르되 보라 하나님의 장막이 사람들과 함께 있으매 하나님이 그들과 함께 계시리니 그들은 하나님의 백성이 되고 하나님은 친히 그들과 함께 계셔서 [계 21:3]

우리는 이 땅에서 하나님을 예배하고 그분과 교제할 때 하나님의 임재를 온전히 경험하지 못합니다. 하나님의 임재를 부분적으로 느끼면서 불완전하게 하나님과 교제합니다. 그러나 천국에서 우리는 충만한 하나님의 임재를 느끼면서 온전하게 하나님과 교제하게 될 것입니다. 그래서 바울은 고린도전서 13장 12절에서 이렇게 고백합니다.

> 우리가 지금은 거울로 보는 것같이 희미하나 그때에는 얼굴과 얼굴을 대하여 볼 것이요 지금은 내가 부분적으로 아나 그 때에는 주께서 나를 아신 것같이 내가 온전히 알리라 [고전 13:12]

다윗은 이 땅에서 살 때 '하나님의 집'을 늘 사모하며 살았습니다. 늘 하나님을 그리워하면서 하나님의 임재를 기뻐하고 그분과 교제하기를 힘쓰며 살았습니다. 우리도 다윗처럼 하나님을 사모하고 하나님의 임재를 기뻐하며 그분과 교제하기를 힘쓰며 삽시다. 그때 영원한 집인 천국에서 항상, 영원토록 하나님과 함께하면서 말로 다 할 수 없는 하나님과의 교제의 축복과 기쁨을 누리게 될 것입니다.

그러기에 하나님이 예비하신 천국의 영원한 집으로 돌아가서 그분과 함께 영원히 살게 될 우리는 이 땅에서 나그네 인생을 살아갈 때 그 무엇보다 하나님을 사모하며 그분과 교제하기를 힘써야 합니다.

(2) 내 인생이 나그네 인생임을 기억하기

여름 한 철 동안 양 떼는 푸른 풀들로 가득한 높은 산 위의 초원에서 마음껏 배부르게 먹고 살지만, 그것은 잠시 여름 한 철 동안뿐입니다. 그 기간은 금방 지나갑니다. 가을이 되어 풀이 마르고 날씨가 쌀쌀해지면서 폭풍우와 눈보라가 휘몰아쳐 오면 반드시 산 밑으로 내려와 목자의 집으로 돌아와야 합니다.

우리 인생 역시 그러합니다. 우리가 이 땅에 사는 것은 마치 양들이 여름 한철 동안 산 위의 초원에서 보내는 것과 같습니다. 다윗은 자신이 영원히 살 곳이 '여호와의 집'이라고 고백합니다.

… 내가 여호와의 집에 영원히 살리로다 [시 23:6]

우리가 영원히 살게 될 곳은 '여호와의 집'입니다. 이 '세상의 집'은 우리가 잠시 머물다가는 '임시 거처'입니다. 그러기에 이 '세상의 집'은 진정한 의미에서 '우리 집'이라 말할 수 없습니다.

> 오직 우리의 시민권은 하늘에 있는지라… [빌 3:20]

> 사랑하는 자들아 거류민과 나그네와 같은 너희를 권하노니 영혼을 거슬러 싸우는 육체의 정욕을 제어하라 [벧전 2:11]

믿음의 선배들이 이 세상을 살아갈 때 단 한 번도 이 세상을 그들의 본향으로 생각하지 않았습니다. 그들이 이 세상에서 자신들의 정체성(identity)이 "거류민"이요, "외국인"이요, "나그네"임을 단 한 순간도 잊은 적이 없었습니다. 히브리서 11장 13-16절에서 성경은 그 사실을 명확히 지적하고 있습니다.

> 이 사람들은(믿음의 사람들은) 다 믿음을 따라 죽었으며 약속을 받지 못하였으되 그것들을 멀리서 보고 환영하며 또 땅에서는 외국인과 나그네임을 증언하였으니 그들이 이같이 말하는 것은 자기들이 본향(本鄕) 찾는 자임을 나타냄이

라…그들이 이제는 더 나은 본향을 사모하니 곧 하늘에 있
는 것이라… [히 11:13-16]

고향으로 돌아갈 분명한 계획이 있는 사람들은 타향에서 살 때 그곳을 임시 거처로 삼고 단순하게 살지, 마치 일평생 동안 거주할 고향처럼 많은 것을 갖추고 복잡하게 살지 않습니다. 우리가 많은 것을 갖추고 복잡하게 타향살이하는 사람들을 보면 우리는 그들을 가리켜서 바보라고, 정신 나간 사람이요, 참 어리석고 미련한 사람이라고 손가락질할 것입니다.

그러나 실제로 인생을 그렇게 어리석고 미련하게 사는 그리스도인들이 너무나 많이 있습니다. 머리로는 아니지만, 실제 행동으로는 이 '세상의 집'을 '영원한 거처'로 여기고 삽니다. 이 세상을 자신의 '본향'으로 여기며 삽니다. 이것이 오늘날 그리스도인들의 최대 비극입니다. 하늘의 고향에서 멀리 떨어져 있으면서도 향수를 전혀 느끼지 못한다는 것입니다. 영원한 아버지의 집을 나와 객지에서 떠돌아다니면서도 아무런 불편함을 느끼지 않는다는 것입니다.

영원한 본향인 하늘나라를 늘 사모하며 갈망하며 삽시다. 아버지가 계신 영원한 본향을 늘 그리워하며 삽시다. '하나님의 집'이 우리가 영원히 살 집입니다. 천국이 우리의 진정한 본향

입니다. 주님께서는 지금 우리를 위해서 그 집을 예비하고 계십니다.

> … 내가 너희를 위하여 거처를 예비하러 가노니 가서 너희를 위하여 거처를 예비하면 내가 다시 와서 너희를 내게로 영접하여 나 있는 곳에 너희도 있게 하리라 [요 14:2-3]

(3) 영원한 본향으로 돌아갈 준비를 철저히 하기

여름 한 철 동안 높은 산 위의 초원에서 잘 지냈던 양들은 가을이 되어 풀이 마르고 날씨가 쌀쌀해지면 목자의 집으로 돌아갈 준비를 해야 합니다. 그런데 종종 양들 가운데는 겨울이 오고 있는데도 목자를 따라 집으로 내려가기를 거부하는 고집 센 양들이 있습니다. 산 위의 초원에서 여름 한 철을 보내는 양들에게 있어서 가장 필요한 준비는 겨울이 오는 것을 알고 목자의 인도를 따라 집으로 돌아갈 준비를 하는 것입니다.

일반적으로 나이를 먹는다는 것은 즐겁고 유쾌한 일은 아닙니다. 사람들은 나이 먹는 것을 피해 보려고 가능한 한 모든 방법을 동원합니다. 시간이나 돈이나 노력을 아까워하지 않습니다. 몸을 치장합니다. 건강을 유지하기 위해 밤낮으로, 꼭두새벽부터 열심히 운동합니다. 몸이 상하지 않도록 애를 씁니다.

물론 우리는 이렇게 해야 합니다. 몸은 하나님이 우리에게 주신 귀한 선물이기 때문입니다. 몸이 건강해야 하나님이 우리에게 맡겨 주신 일들도 잘 감당할 수 있습니다. 더군다나 우리 몸은 우리의 보배로운 영혼을 담고 있는 질그릇입니다.

> 누구든지 언제나 자기 육체를 미워하지 않고 오직 양육하여 보호하기를 그리스도께서 교회에게 함과 같이 하나니
> [엡 5:29]

그러나 동시에 우리는 반대되는 사실도 기억해야 합니다. 우리 몸은 반드시 죽어야 합니다. 그래야 주님께서 재림하셔서 완성될 천국인 새 하늘과 새 땅에서 새로운 몸으로, 주님을 닮은 영화로운 몸으로 영원히 살 수 있기 때문입니다.

> … 혈(血)과 육(肉)은 하나님 나라를 이어받을 수 없고 또한 썩는 것은 썩지 아니하는 것을 유업으로 받지 못하느니라
> [고전 15:50]

보라 내가 너희에게 비밀을 말하노라 우리가 다 잠 잘 것이 아니요 마지막 나팔에 순식간에 홀연히 다 변화되리니 나

> 팔 소리가 나매 죽은 자들이 썩지 아니할 것으로 다시 살아
> 나고 우리도 변화되리라 이 썩을 것이 반드시 썩지 아니할
> 것을 입겠고 이 죽을 것이 죽지 아니함을 입으리로다 [고전
> 15:51-53]

그러므로 나이를 먹는다는 것은 하나님의 오묘하신 섭리입니다. 우리로 하여금 영원한 본향인 천국을 바라보게 하는 하나님의 방법입니다. 우리는 늙어 가는 노화 과정을 결코 되돌릴 수 없습니다. 그러나 우리의 태도는 바꿀 수 있고, 또 반드시 바꾸어야 합니다.

어떻게 바꾸어야 합니까? 늙어 가는 것을 천국에서 한 송이의 아름다운 꽃을 피우기 위한 과정으로 생각하고 기뻐하는 것입니다. 우리가 나이를 먹어가고, 몸이 쇠약해지는 것은 천국에서 아름다운 꽃을 피우기 위해서입니다. 비록 지금 우리 몸에 아무 문제가 없고 건강하다고 해도 성경은 우리 몸을 가리켜서 '낮은 몸', '비천한 몸'이라고 말합니다.

> 그는(주님께서는) 만물을 자기에게 복종하게 하실 수 있는
> 자기 역사(役事)로 우리의 낮은 몸을 자기 영광의 몸의 형체
> 와 같이 변하게 하시리라 [빌 3:21]

우리의 몸은 '약하디 약한 몸'입니다. 우리 몸은 숨을 쉬기 시작하는 그 순간부터 늙어 가기 시작합니다. 그런데 주님의 말씀에 의하면 이 모두가 하나님이 세우신 계획 가운데 일부라는 것입니다. 주름살 하나하나, 아픈 곳 하나하나는 우리 인생의 마지막 단계에 한 걸음 한 걸음 더 가까이 다가가도록 해 줍니다. 주님께서 재림하시면 우리의 낮고 비천한 몸을, 약하디 약한 몸을 영원히 늙지 않고 쇠하지 않고 죽지 않는 주님의 영광의 몸과 같은 영화로운 몸으로 바꿔주실 것입니다.

> 그는(주님께서는) 만물을 자기에게 복종하게 하실 수 있는 자의 역사(役事)로 우리의 낮은 몸을 자기 영광의 몸의 형체와 같이 변하게 하시리라 [빌 3:21]

> 사랑하는 자들아 우리가 지금은 하나님의 자녀라 장래에 어떻게 될지는 아직 나타나지 아니하였으나 그가 나타나시면(재림하시면) 우리가 그와 같을 줄을 아는 것은 그의 참 모습 그대로 볼 것이기 때문이니 [요일 3:2]

주님의 재림과 최후 심판으로 완성될 영원한 천국인 새 하늘과 새 땅에서 영원토록 살 우리 육체는 고통도 없고 눌림도 없고 아픔도 없고 쇠함도 없고 질병도 없고 죽음도 없고 끝도 없습니다. 요한계시록 21장 4절에서 성경은 그 사실을 분명히 말씀하십니다.

> 모든 눈물을 그 눈에서 닦아 주시니 다시는 사망이 없고 애통하는 것이나 곡하는 것이나 아픈 것이 다시 있지 아니하리니 처음 것들이 다 지나갔음이러라 [계 21:4]

우리가 지금 사는 이 세상의 집은 영원히 살 집이 아닙니다. 잠시 머무르는 임시 거처에 지나지 않습니다. 이 세상은 우리가 터 잡고 살 고향이 아닙니다. 잠시 스쳐 지나가는 타향입니다. '하나님의 집' 문을 열고 들어서는 순간, 모든 의미를 잃게 됩니다.

그러므로 나이를 먹어가고 늙어 가는 것을 느낄수록 더욱더 영원한 '하나님의 집'으로 돌아갈 준비를 해야 합니다.

시편설교 시리즈(2)

여호와는 나의 목자

시편 23편 강해설교

■
2025년 9월 25일 초판 1쇄 인쇄
2025년 9월 30일 초판 1쇄 발행

■
지은이 | 김남식
펴낸이 | 황성연
펴낸곳 | 하늘기획

■
출판등록 | 제306-2008-17호
물류센타 | 경기도 파주시 광탄면 혜음로 883번길 39-32 (분수리)
주 문 처 | 하늘유통
전　　화 | (031)947-7777
팩　　스 | 0505-365-0691

ISBN 979-11-92082-33-2 03230

ⓒ 2025. 김남식 All rights reserved

※이 책은 저작권법에 의해 보호를 받는 저작물이므로
　무단전재 및 복제를 금합니다.
※잘못 만들어진 책은 구입하신 서점에서 바꾸어 드립니다.